Albert von Seld

Vertrauliche Mitteilungen vom preußischen Hofe und aus der preußischen

Staatsverwaltung

Albert von Seld

Vertrauliche Mitteilungen vom preußischen Hofe und aus der preußischen Staatsverwaltung

ISBN/EAN: 9783743444614

Hergestellt in Europa, USA, Kanada, Australien, Japan

Cover: Foto ©ninafisch / pixelio.de

Manufactured and distributed by brebook publishing software (www.brebook.com)

Albert von Seld

Vertrauliche Mitteilungen vom preußischen Hofe und aus der preußischen Staatsverwaltung

Vertrauliche Mittheilungen

vom

Preussischen Hofe

und

aus der preußischen Staatsverwaltung.

Berlin.

Verlag von Gustav Neumann.

1865.

Vorrede.

Niemand läßt sich gern etwas vorreden, darum sind Vorreden nicht beliebt, darum sei auch diese nur kurz.

Verwandtschaftliche und andere Verhältnisse ließen mich mehr als manchen Andern hinter Vorhänge blicken und hinter Vorgänge kommen. Was ich davon niedergeschrieben, theile ich nachstehend mit. Mög' es Theilnahme finden.

Der Verfasser.

Inhalt.

Charakterzüge
aus dem Leben Friedrich Wilhelms IV.

———

Im Frühjahr 1808 schrieb die Königin Louise an ihren Vater, den Großherzog von Mecklenburg-Strelitz, über ihren ältesten Sohn, den Kronprinzen: „Der Kronprinz ist voller Leben und Geist. Er hat vorzügliche Talente, die glücklich entwickelt und gebildet werden. Er ist wahr in seinen Empfindungen und Worten, und seine Lebhaftigkeit macht Verstellung unmöglich. Er lernt mit vorzüglichem Erfolg Geschichte, und das Große und Gute zieht seinen Sinn an. Für das Witzige hat er viel Empfänglichkeit, und seine komischen und überraschenden Einfälle unterhalten uns sehr angenehm. Er hängt vorzüglich an der Mutter und er kann nicht reiner sein als er ist."

Es ist wunderbar, mit welcher Geistesklarheit der Blick der Mutter den Sohn durchschaut, mit welcher Sicherheit sie in wenig Zügen ein treues Bild von ihm entwirft. So wie ihn die Königin schildert, so ist er geblieben als Jüngling, als Mann, als Greis. „Voller Leben und Geist," nannte ihn die Königliche Mutter, und freute sich seines Witzes. Bei diesem sprudelnden Leben ging dieser originelle Geist freilich gern seinen eigenen Weg und der ungewöhnliche Grad von Witzesgabe ließ dem Begabten zuweilen nicht Zeit, zu erwägen, ob sein Einfall schmerzlich traf. Davon geben viele Züge schon in seiner Kindheit Zeugniß.

Eines Tages sagte die Königin dem Stallmeister Rabe, der dem Kronprinzen, welcher damals zwölf Jahr alt war, Reit=

1*

unterricht gab: „Lieber Rabe, können Sie denn nicht machen, daß der Fritz ein wenig besser zu Pferde sitzt? Er hat doch gar keinen hübschen Anstand beim Reiten." „Ich bedaure, daß ich das wirklich nicht machen kann," erwiderte der Stallmeister. „Wie so nicht?" fragte die Königin verwundert. „Wenn ich Seine Königliche Hoheit bitte, sich zusammen zu nehmen, damit die Haltung eine andere werde, erwidern mir Höchstdieselben: „Lassen Sie mich reiten, wie ich reite, ich komme doch wohin ich will!" Vergebens sprach die Königliche Mutter zu ihrem Sohne, bittend und mahnend, er blieb bei seiner Art und Weise, und ist denn auch wirklich im ganzen Leben kein Reiter geworden: das heißt, er hat nie zu Pferde den schönen Anstand gehabt, durch den sein Vater sich so sehr auszeichnete, der wohl der kunstgerechteste und ritterlichste Reiter in der ganzen Armee war — aber er ist frisch und fröhlich drauf los geritten und hat damit oft seine Umgebung und sein Gefolge in die peinlichste Besorgniß versetzt. Da er gar keine Gefahr scheute, vielleicht nicht kannte, denn seine Kurzsichtigkeit ließ ihn Hindernisse im Wege gar nicht bemerken; da er außerdem gern rasch über das fortging, was unangenehm war, so galoppirte er gerade da, wo Steine und Wurzeln, wo Löcher und Holzwerk die Passage er= schwerten, so unbefangen und zuversichtlich darauf los, daß seine Umgebung oft für ihn zitterte, aber auch für ihr eigenes Leben besorgt war, um so mehr, da sie doch in der Regel nicht so gut beritten war, als der hohe Herr; dennoch hatte sie nicht den Muth, ihn auf die Gefahr aufmerksam zu machen, und da Furcht zu zeigen, wo er keine hatte; bei alledem ist ihm weder als Kron- prinz, noch als König ein Unfall begegnet, während seine Brü- der, die zum Theil treffliche Reiter sind, mehrmals von Unfällen betroffen wurden, die recht üble Folgen hatten.

Diesen Mangel an Rücksichtsnahme auf die Ermahnungen

des Reitmeisters zeigte der Kronprinz als Knabe auch gegen den
Sprachmeister. Er hatte einen wohl leicht erklärlichen Widerwillen, ja selbst Haß, gegen alles, was Franzose oder französisch
war, das ging so weit, daß er eines Tages dem französischen
Sprachlehrer erklärte, er nehme keinen französischen Unterricht
mehr! Da Gegenvorstellungen nicht fruchteten, selbst die Hin-
weisung, daß nichts anderes übrig bliebe, als dem Könige Meldung davon zu machen, ohne allen Erfolg blieb, so mußte die
Meldung endlich stattfinden; aber auch dem Vater gegenüber
blieb der Sohn, der sonst voll Pietät war, bei seinem Entschluß;
da bekam er Arrest. Nach einiger Zeit gefragt, ob er nicht lieber nachgeben wollte, erwiderte er kämpfend zwischen Unmuth
und Uebermuth: „Nun gut, ich will. Hat der Vater die Franzosen nicht schlagen können, so muß der Sohn freilich französisch
lernen, damit er unterhandeln kann mit ihnen." —

Vielleicht hat ihm dies Wort später leid gethan, wie selbst
im Mannesalter noch manches, das er rasch und lebhaft aussprach und weshalb er sich, nachdem er's ausgesprochen, selbst gegen seine Umgebung strafte, indem er sagte: „Da hab' ich einmal wieder einen dummen Streich gemacht!" Aber nicht zu
Worten allein, auch zu Handlungen, die ihm bald leid wurden,
konnte ihn das Flammige seines Gemüths hinreißen, es sei nun
zu Handlungen übermüthigen Scherzes oder unmuthiger Gereizt-
heit, doch war sein Charakter so groß, daß er sein Unrecht nicht
nur erkannte, sondern, was dem Königssohn und König hoch
anzurechnen ist, auch bekannte.

Als er zwischen den Knaben= und Jünglingsjahren stand,
bemerkte er bei einem Spaziergang durch einen Königlichen Park,
daß eine Hofdame eine große Furcht vor Fröschen zeigte, er fing
einen und verfolgte sie damit, sie lief schreiend, bis er sie ein-
holte, als er ihr nahe war, warf er ihr den Frosch zu, der,

war's Absicht oder Zufall — sie auf den bloßen Hals traf. Ganz außer sich vor Schreck, Abscheu und Aerger vergaß sie sich so weit, daß sie dem jungen Herrn — eine Ohrfeige gab. Beide standen einen Augenblick erstarrt. Der Kronprinz sammelte sich zuerst; er beruhigte die Hofdame, die so außer aller Fassung war, daß sie keine Worte finden konnte, um ihre Gefühle aus= zusprechen, und sagte: „Ich bin nur bestraft, wie ich's verdiene, darum küsse ich die Ruthe, die mich strafte," damit küßte er ihr die Hand.

Leutselig gegen seine Bedienung und gegen Untergebene, und in jeder Hinsicht ein wohlwollender, an ihren häuslichen Lei= den und Freuden theilnehmender Herr, konnte er sich's doch nicht versagen, auch sie durch einen Scherz in Verlegenheit zu setzen. So sah er einst auf einer Gemälde = Gallerie ein frisch gemaltes Bild, das weniger als mittelmäßig war, das von einem Beam= ten derselben gemalt und in edler Selbstüberschätzung dort auf= gestellt war, um des Kronprinzen Augen auf sich zu ziehen. Die Absicht glückte, verwundert sah der Kronprinz das Bild an und fragte den Maler, der in gespannter Erwartung daneben stand: „Von wem ist das Bild?" „Von mich!" sprach mit tiefer Ver= beugung und strahlendem Antlitz der Gefragte. „Von wem?!" fragte der Kronprinz. „Von mich!" wiederholte Jener. „Den Kerl kenn' ich nicht!" sagte der Fürst kopfschüttelnd und ging weiter.

Er gedachte gern seiner fröhlichen Jugend, und freute sich, wenn er an Scenen daraus erinnert wurde. Im Jahre 1813 war während des Waffenstillstandes eine Zeit lang das Haupt= quartier auf dem Gute Kreysau in der Nähe von Schweidnitz. König Friedrich Wilhelm und der Kaiser Alexander behalfen sich dort in dem Hause der Gutsherrschaft und führten Beide ein anspruchsloses, einfaches Leben. Im herrschaftlichen Garten stand

ein alter, mächtiger Kirschbaum, dessen Früchte der Kaiser sehr
gerühmt hatte, sie wurden deshalb für ihn besonders gehegt und
ein alter Knecht als Hüter der für jeden Andern verbotenen Frucht
an den Baum gestellt. Der Kronprinz strich im Garten umher,
sah die lockende Frucht, sah den Wächter am Fuße des Baumes
auf dem Rücken liegen und sanft schlummern, kletterte den Stamm
hinauf in die Aeste hinein und labte sich an der süßen Frucht
nach Herzenslust; aber die Lust wäre nur halb gewesen, wenn
der Wächter nicht erwacht wäre, er warf also mit Kirschkernen
so lange nach seinem Gesicht, bis ihn einer traf. Er, erweckt
und erschreckt, sah in die Höhe und erblickte entrüstet über sich
den lachenden königlichen Kirschenräuber. Aber vergebens schalt
er, der Kronprinz warf ihn zur Antwort mit Kirschkernen und
bombardirte ihn zuletzt mit Kirschen, die er handvoll auf ihn
warf. Da ergrimmte der alte Wächter und drohte, wenn er
nicht ginge, würde er ihn gleich herunterholen. „So komm doch!"
lachte der Jüngling aus sicherer Höhe, „komm doch und hole
mich!" Da eilte der Alte fort, kam mit einer langen Bohnen=
stange bewaffnet wieder und stieß und stach nach dem jungen hohen
Herrn, daß er endlich um Pardon bitten und den Rückzug an=
treten mußte.

Ohne daß Beide es wußten, hatte der Kaiser Alexander den
ganzen Hergang vom Fenster aus mit angesehen, hatte den Kö=
nig rufen lassen, und Beide schauten, der König mit sinnigem
Lächeln, der Kaiser mit herzlichem Gelächter, dem ungleichen
Kampfe des Wurfgeschosses mit der Lanze zu. Der Kaiser be=
schenkte den getreuen Wächter reichlich, aber noch reichlicher neckte
er den Kronprinzen mit seinem unfreiwilligen Rückzuge.

Nach einer Reihe von Jahren (wenn ich nicht irre, im Jahre
1820) besuchte der Kronprinz zum ersten Mal die Provinz Schle=
sien. Sein bevorstehender Besuch war lange Zeit vorher bekannt.

Die Befitzerin des Gutes Kretfau, auf welchem jener Kirfchen=
raub stattgefunden, Frau von Dresky, ließ den Kirfchbaum, der
gerade in diesem Jahre voll der fchönften Früchte prangte, mit
einem haushohen Wall von Erde und Rafen umgeben, ließ den
mit einigen Luft= und Lichtlöchern verfehenen Wall oben mit
Balken und Brettern bedecken und diese mit Erde befchütten, fo
daß der Baum und feine Frucht, wie in einem dunkeln, kühlen
Keller ftand; fo vor den Strahlen und Gluthen der Sonne ge=
fchützt, behielten die Früchte ihren Saft und ihr Anfehen, bis zu
einer Zeit, in der es längft keine Kirfchen mehr gab, bis zu der
Zeit, da der Kronprinz Schlefien nnd unter andern Städten auch
Schweidnitz befuchte.   Am Tage feiner Ankunft ließ Frau von
Dresky den Baum ausgraben, fo daß feine Wurzeln mit einem
großen Erdballen umgeben blieben, ließ den Baum fammt dem
Ballen auf ein Geftell von Bohlen bringen, das Geftell auf
Walzen legen und auf diefe Weife den Kirfchbaum in der Nacht
durch zwölf Ochfen nach Schweidnitz transportiren.   Dann ließ
fie ihn vom Geftell herunterheben, und ihn unter den Fenftern
des Kronprinzen, die nach dem Garten hinausgingen, eingraben,
fo daß es ausfah, als wären die Früchte unter feinen Fenftern
gereift.   Am Morgen ließ fie fich bei ihm melden und fagte, fie
wiffe aus Erfahrung, daß Seine Königliche Hoheit Sich gern die
Kirfchen von diefem Baume mit eigener Hand pflückten, deshalb
hätte fie fich erlaubt, den Baum hierher zu verpflanzen.   Den
Kronprinzen amüfirte dies ganz ungemein, er nahm die origi=
nelle Gabe mit lebhaftem Dank und fichtbarer Freude entgegen
und bereitete dadurch der Geberin eine fehr große Freude, aber
fie hatte noch eine andere daran, fo wie fie noch einen andern
Zweck dabei gehabt hatte.   Ein junger Mann aus edler Familie
hatte in jugendlicher Unbefonnenheit ein Vergehen begangen, das
ihm nach dem Spruch des Gefetzes auf einige Zeit feine Frei=

heit nahm; Frau von Dresky benutzte die fröhliche, freundliche Stimmung des Kronprinzen, um ihn zu bitten, sich bei dem königlichen Vater um Begnadigung für jenen Unglücklichen zu verwenden; das wurde huldvoll zugesagt und führte bald zum erwünschten Ziel. Als aber am Abend desselben Tages, an welchem die Stadt dem Kronprinzen ein Fest gab, der Kommandant General von Stutterheim die anwesenden Damen dem hohen Herrn präsentirte und dasselbe auch mit Frau von Dresky thun wollte, wies das der Kronprinz mit Lachen und mit den Worten zurück: „Die brauchen Sie mir nicht zu präsentiren, die hat mir heut früh schon ein Register meiner Jugendsünden vorgelesen." — — —

Eines Abends vor dem Schlafengehen verlangte der Kronprinz, vielleicht nur in der Zerstreuung, vom Kammerdiener einen Dienst, der die Sache des Lakaien war und sich auch wohl nur für diesen ziemte; der Kammerdiener sagte: „Erlauben Königliche Hoheit, daß ich den Lakaien rufe!" da wallte, durch den Widerspruch gereizt, der Gebieter auf und befahl streng: „Ich habe gesagt, Sie sollen es thun!" Bescheiden aber fest sprach der Kammerdiener: „Gestatten Ew. Königliche Hoheit, daß ich den Lakaien rufe!" da schritt der nun doppelt Gereizte heftig auf ihn zu, trat ihn auf den Fuß und rief: „Werden Sie's auf der Stelle thun?" Der Getretene zog den Fuß nicht zurück, er blieb ruhig stehen und sah seinem Gebieter traurig in's Auge; da erschrak der über das, was er gethan, er wandte sich ab und ging in's Nebenzimmer; dort ging er mit starken Schritten eine Zeitlang auf und ab, während der Kammerdiener jenen Dienst nicht leistete, aber auch den Lakaien nicht rief, sondern unbeweglich stehen blieb. Die Schritte im Nebenzimmer wurden ruhiger und hörten bald ganz auf, ein Schubfach wurde aufgeschlossen, und bald darauf kam der Kronprinz in's Zimmer zurück, ging mit milderem Wesen auf den Kammerdiener zu und bat ihn in liebreichem Tone: „Vergessen Sie, was ich that!" nahm ihn bei der Hand, drückte sie ihm und wollte eine goldene Dose hineinlegen. Der überraschte Diener sagte, indem er die Dose bescheiden ablehnte: „Königliche Hoheit, eine Dose kann das nicht gut machen!" „Das soll sie auch nicht!" rief der Kronprinz, „sie soll Ihnen nur zeigen, wie leid mir das ist, was ich gethan habe, sie soll Ihnen nur ein Zeichen sein von meiner Liebe, von meiner herzlichen Achtung!" Da stürzten dem wackern Diener die Thränen über's Gesicht, er küßte des Prinzen Hand und rief in tiefer Bewegung: „Königliche Hoheit, dann wird sie mir ein ewig theures Andenken sein!" Und Herr und Diener sind seitdem fast unzertrennlich gewesen, bei jeder Gelegenheit zeichnete der hochselige Herr ihn aus, der Diener aber hing mit einer Treue, mit einer Hingebung an jenem, die man eine müt= terliche, ja bräutliche nennen möchte.

Gewiß hat der Prinz bei dieser wie bei mancher andern Gelegenheit den festen Vorsatz gefaßt, sich n i e wieder von einer heftigen Aufwallung hinreißen zu lassen; eine solche Gelegenheit war bei der Thronbesteigung, wo er, der sich seiner hohen, heili= gen Verpflichtungen so tief bewußt war, ganz gewiß auch die sich vorhielt, daß der Herrscher vor Allen sich beherrschen soll, wahrscheinlich mochte er wie seinem Herrn im Himmel, so auch seiner besten Freundin auf Erden, seiner Gemahlin das Ver= sprechen gegeben haben, als König nur königlich zu denken, zu sprechen, zu handeln; wenigstens deutet darauf ein Wort mit blitzähnlicher Wirkung, das einst bei Tafel fiel. Der neue König war durch eine Ungeschicklichkeit und Säumniß eines Dieners in heftige Aufregung und zu leidenschaftlichen Worten hingerissen worden, da irrte der Blick der Königin wie suchend im Zimmer umher. „Was suchst Du?" fragte der König, und halb schüch=

tern, halb mahnend sprach sie: „Ich suche den König." In demselben Augenblicke war jede Heftigkeit überwunden, ein dankbarer Blick, ein kaum wahrnehmbares Nicken deutete an: Ich habe Dich verstanden.

Das Verhältniß beider Ehegatten zu einander war ein überaus inniges, zartes. Die rücksichtsvolle Aufmerksamkeit, die ritterliche Galanterie, die der König als Kronprinz der Braut erwiesen hatte, erwies er der Gemahlin in demselben, ja in erhöhtem Grade.

Das Verhältniß beider Ehegatten war aber auch nicht allein ein liebreiches, sondern ein liebliches, trotzdem oder vielleicht eben weil beide ungemein verschieden waren, der König lebhaft, poetisch, phantasiereich, wohl einmal in Hyperbeln sprechend, die Königin ruhig besonnen, durchaus wahr, des Königs Züge und Haltung beweglich und oft bewegt, die der Königin stets gemessen, ohne je abgemessen zu sein, denn eine milde Mütterlichkeit belebte das große, offene und dabei sinnende Auge. In der Rede wie in der Richtung wendete der König sich oft zu ihr und machte sie mit Mienen und Worten aufmerksam, was interessant für sie sein konnte, mehr mit ihr als mit sich beschäftigt. Das zeigte sich auch in der Krankheit im Jahre 1859, wo er seinen Geburtstag ganz vergessen, aber sich anhaltend und lebhaft mit dem der Königin beschäftigt hatte. Was irgend im Leben Beide berührte, das theilten sie sich mit, es müßte denn etwas Unangenehmes sein, womit die Königin den Gemahl gern verschonte, wenn's möglich war, denn ihr Zusammenleben war viele Jahre ein fast unausgesetzt heiteres. Der König hatte von jeher die Gabe, das, was hinter ihm lag, ganz hinter sich liegen zu lassen, und wenn ein Geschäft beendet war, und wäre es das unangenehmste gewesen, sogleich zu einem andern, angenehmen, oder auch zu einer fröhlichen Unterhaltung, nicht etwa nur mit äußerlicher Theilnahme, nein, mit ganzem ungetheilten Herzen überzugehen. Dies erklärt wenigstens zum Theil, die ihm inne= wohnende beispiellose Arbeitskraft.

Der Geheimrath v. B., der mit ihm, als er noch Kron= prinz war, und der Minister v. T., der mit ihm, als er schon König war, viel gearbeitet, versicherten, sie wären oft nach viel= stündiger Thätigkeit mit ihm so erschöpft gewesen, daß sie mit einer Ohnmacht gekämpft, so abgespannt, daß sie nach beendeter Arbeit nicht essen, nicht schlafen, kaum noch etwas klar denken konnten; während der Fürst in derselben Frische wie zu Anfang der Arbeit geblieben und sofort auf etwas anderes mit unerschöpfter Kraft und unerschöpflicher Laune übergegangen sei. Diese rastlose Rührigkeit hatte für seine nächste Umgebung etwas sehr Aufregendes, aber dadurch für Viele auch Aufreibendes. Mancher, der früher lächelte, wenn er von Nervenschwäche reden hörte, ist in des Königs Nähe nervös geworden, und das lange und eigenthümliche Nervenleiden, dem der Kabinetsrath Niebuhr erlag, hat wohl zum Theil seinen Grund in jener königlichen Eigenthümlichkeit.

Herr von Niebuhr kam auf Empfehlung von Alexander von Humboldt in des Königs Nähe. Das Jahr 1848 ver= anlaßte den König zu so viel Schreiben, die nicht eigentlich durch das Kabinet und die Behörden gehen konnten, und die der König oft viele ganze Nächte hintereinander eigenhändig verfaßte, daß die Aerzte die allerschlimmsten Folgen befürchteten und der König endlich nachgab und Herrn von Niebuhr von Magdeburg, wo er damals Assessor war, zu sich berief, damit ihm derselbe einen Theil der Correspondenz besorgte. Es muß sehr schwer, wenn nicht unmöglich sein, für einen solchen Herrn, in dessen Sinn und Seele einen Brief zu schreiben; ist seine Form schon nothwendig eine durchaus unnachahmliche, so muß auch der In=

halt der Schreiben oft keinem Andern als ihm selbst gesagt werden können; ja, wenn man ihn auch errathen hatte, gesagt werden dürfen; das zeigt sich schon beim ersten Briefe, den Herr von Niebuhr schrieb; er entsprach so wenig dem, was der König gewollt und dem, wie er sich's gedacht, daß der hohe Herr ganz außer sich war, und ein ganzes Jahr verging, ehe Herr von Niebuhr wieder einen Auftrag erhielt. Das war eine peinliche Stellung für ihn! Seinem tiefen Wissen, seiner hohen Begabung gelang es mit der Zeit, sich dem Könige unentbehrlich zu machen, so daß er ihn mit besonderem Vertrauen und in mannigfachster Weise beschäftigte, wodurch Herr von Niebuhr freilich Vielen, die darin eine Beeinträchtigung ihrer Wirksamkeit sahen, sehr unbequem und unangenehm wurde.

Etwas unbequem, wenn das Wort hier erlaubt ist, war des Königs stets schlagfertige witzige Rede, zuweilen für diejenigen, die eben bei ihm eintraten, die er mit einem solch fröhlichen Witzwort empfing, und die, wenn sie nicht ganz besondere Geistesgegenwart hatten, oft nur mit einer heiteren Miene antworten konnten, die ein Vergnügtsein ausdrücken sollte, aber wenn sie ehrlich gewesen wäre, ein Verdrießlichsein ausgedrückt hätte; so empfing er Nagler, der sich als General-Postmeister in seiner nicht sehr geschmackvollen Uniform, (Orange mit Gold gestickt) präsentirte mit den Worten: „Sieht der Mann nicht aus, als komme er eben aus der Broncefabrik?" So begrüßte er den hannoverschen Gesandten Ompteba, der oft verreist war, bei seiner Rückkehr mit den Worten: „Ompte da, Ompte dort, Ompte da."

Ein junger Herr aus einer dem Hofe nahe stehenden Familie hatte sein Examen für die diplomatische Carrière gemacht, aber nicht glücklich, so daß er's noch einmal machen sollte; als er kurz nach dem unglücklichen Examen an den Hof kam, gratulirte ihm die Kronprinzeß, die nur wußte, daß er's gemacht,

aber nicht wie, zum glücklich überstandenen Examen; da rief
ihr der Kronprinz zu: „Er hat's so gut gemacht, daß die Exa=
minatoren alle gerufen haben: da capo!" — Das war sicher
auch einer von den Einfällen, die er gern wieder zurückgehabt
hätte, denn nichts lag ihm ferner, als gerade absichtlich wehe zu
thun, aber es ist das eine Eigenthümlichkeit aller Witzigen, daß
sie fast außer Stande sind, einen witzigen Einfall zurückzuhalten.

Leichtsinniges Schuldenmachen rügte er mit Strenge. Er
erlaubte sich nie den Etat zu überschreiten, den er sich selbst ge=
setzt hatte, obgleich Kunstliebe und Menschenliebe ihn oft in Ver=
suchung führten. Eines Tages wurde ihm ein Gemälde zum
Kauf angeboten, das ihm ungemein gefiel. Er fragte den
Kammerdiener nach dem Preise. Der nannte ihn. „Wie viel
Geld habe ich noch, fragte der Prinz?" Der Kammerdiener nannte
eine Summe, welche der geforderten gleichkam. „Gieb sie ihm,"
sagte der Kronprinz, „das Bild lasse ich nicht fort."

Da erwiderte der Diener: „Königliche Hoheit bedürfen noth=
wendig Hemden, die müssen angeschafft werden; der Maler
will das Bild auch nicht gleich bezahlt haben." — „Nein, nein,"
rief der Kronprinz, „Schulden mach' ich nicht, schicke ihm das
Bild wieder!"

Der Kammerdiener erwiderte nichts, ließ das Bild aber
im Vorzimmer stehen. Am Nachmittage traf er seinen Herrn
in der Betrachtung des Bildes versunken und für sich sprechend:
„Es ist doch ein delicieuses Bild!"

Plötzlich wandte er sich an den Diener und fragte: „Wie
viel Hemden hab' ich?" Jener schüttelte bedenklich den Kopf
und antwortete: Nur noch dreißig. „Ach was," rief der Kron=
prinz, „mit dreißig Hemden kann ich noch lange auskommen!
bezahl' ihm das Bild."

Schüchtern entgegnete der Kammerdiener: Dann sind König=

liche Hoheit ja bis zum Ersten ganz ohne Geld, aber ich könnte ihm eine Anweisung für das nächste Quartal geben. „Thu' das, aber schaff mir das Bild fort, ich mag's nicht sehen, so lange es nicht bezahlt ist.“

Am nächsten Ersten bezahlte der Kammerdiener das Bild und stellte es auf. Da betrachtet es der Kronprinz. mit sichtlicher Befriedigung, rieb sich die Hände und rief: „Nun erst hab' ich meine Freude daran.“

Er warnte seine nächste Umgebung vor Schulden; wo er erfuhr, daß sie dergleichen gemacht, bezahlte er sie wohl ohne ihr Wissen, und gab erst, nachdem sie abgemacht, die Zustimmung zu ihrer gewünschten Beförderung. Ein Oberst von M., der tief verwickelt war, wurde dem Prinzen einst wegen seiner trefflichen Eigenschaften gerühmt. Dieser schüttelte den Kopf und sprach: „Wenn er nur nicht so leichtsinnig Schulden machte;“ man erwiderte entschuldigend, er sei eben dabei, sich mit seinen Gläubigern zu setzen. „Da wird er viele Stühle brauchen,“ erwiderte der Prinz.

Ein Fürst, der immer derangirt war, baute eine Wasserkunst in seinem Park. Als der Prinz ein im Bau begriffenes neues Gebäude bemerkte, fragte er nach der Bestimmung desselben. Das ist eine neue Pumpanstalt, erwiderte man; „die kann er brauchen,“ rief der Prinz.

Treffende Antworten hatte er stets bei der Hand. Ein Hofmann, der eben so selbstgefällig als bescheiden war, sprach gern von seinen Schwächen und rühmte sich, daß er sich ihrer wohl bewußt wäre. Als man entschuldigend gegen den Kronprinzen erwähnte: Er kennt alle seine Fehler. „Mein Gott,“ rief dieser, „was muß der Mensch für'ne ausgebreitete Bekanntschaft haben!“.

Alle diese Einfälle gehören einer Zeit an, da er noch Kronprinz war. In diese Zeit fällt auch folgende Mittheilung, die hier erzählt, aber nicht verbürgt wird:

Bei einem Morgenspaziergange sah der Kronprinz in der Nähe von Sanssouci einen Knaben stehen, der in der einen Hand einen Brief, in der andern einen vor einen Karren ge= spannten Esel hielt; der Knabe blickte ängstlich um sich her, als ob er rathlos wäre, und fing endlich an zu weinen, da fragte ihn der Kronprinz, was ihm fehle und hörte, daß der Knabe den Brief da oben im Schlosse an eine Küchenfrau abgeben solle. „Nun, so thue das doch!" sagte der Kronprinz. „Ja," erwiderte der Knabe, „dann läuft mir der Esel davon." „So binde ihn doch hier an das Stacket." „So klug würde ich selber sein, aber dann scheuert er so lange mit dem Kopfe am Zaune bis er die Halfter abgescheuert hat, und dann krieg' ich Prügel, und wenn ich den Brief nicht selbst bestelle, krieg' ich auch Prü= gel, und so krieg' ich auf jeden Fall Prügel."

Der Kronprinz sah sich ringsum und sprach: „Wenn doch Jemand da wäre, dem ich sagen könnte, daß er den Esel so lange hielte." „Ist aber doch Niemand da," sagte der Junge, sah dann den freundlichen Herrn bittend an und sprach: „Ach, wären Sie wohl so gut und hielten mir den Esel einen Augen= blick, ich springe geschwind hinauf und bin gleich wieder hier." Der Kronprinz lachte und sagte: „Gieb her den Strick, aber mach geschwind." Der Knabe lief in vollen Sprüngen, aber — kam nicht wieder. Minute auf Minute verging, dem hohen Hüter wurde die Zeit sehr lang, denn der Esel, von Flie= gen und Bremsen geplagt, wurde sehr unruhig und wollte durch= aus nach Hause. Vergebens sah sich der Kronprinz nach allen Seiten um, ob nicht Jemand käme, der ihn ablöste, aber es kam Niemand, und so hielt er denn sein Wort und den Esel, bis endlich nach länger als einer Viertelstunde der Junge in vollen Sprüngen den Berg herunter kam, voller Freude erzählte, er hätte die Frau erst gar nicht finden können, nachdem er sie aber endlich gefunden, habe sie ihm zwei Groschen geschenkt, und weil er den Esel so schön gehalten, solle er einen davon nehmen, damit reichte er ihm die Hälfte seines Trinkgeldes hin. Vergebens wies der Kronprinz ihn lachend zurück, der Junge bat so zutraulich, so dringend, er möge ihm doch die Liebe erweisen und den Groschen nehmen, daß der Kronprinz nachgab, den Groschen in die Westentasche steckte, sich schön bedankte und heimkehrte. Als er zu seiner Gemahlin kam, sagte sie: „Du hast mich heut recht lange warten lassen!" „Ich hab' mir erst etwas verdienen müssen!" „Was denn?" Der Kronprinz nahm das Biergeld, das er empfangen, aus der Tasche, legte es auf die flache Hand, hielt es hin und sagte: „Den Groschen hier!" „Womit denn?" „Ich habe einen Esel gehalten."

Diese Begebenheit wird von einigen für eine unbestrittene Thatsache erklärt, von andern bezweifelt, jedenfalls fehlt es ihr nicht an innerer Wahrheit, denn beide: die Gewissenhaftigkeit mit der er dem armen Knaben gegenüber seine übernommene Verpflichtung erfüllte (wie mancher würde den Esel an das Stacket gebunden haben!) — der Humor, den er dabei zeigte, beide gehörten zu seinen Eigenthümlichkeiten.

Diesen Humor ließ er frei walten in den kleinen Abendzirkeln, in denen geistreiche Spiele, musikalische und dergleichen Aufführungen stattfanden, und manche Hofdame ist bei solchen Gelegenheiten der Gegenstand seiner ungezügelten Einfälle gewesen.

Wenn solche kleine Wehthaten gern getragen wurden, weil jeder sich sagte, daß der König nie wehe thun wollte, so vermochte er auch auf liebenswürdige Weise wohl zu thun. In der Zeit, da die Fürstin von Liegnitz erst kürzlich Gemahlin

Friedrich Wilhelm III. geworden und ihre Aufnahme nicht bei allen Mitgliedern der Königlichen Familie eine herzliche war, mußte in einem Gesellschaftsspiel jeder seine Lieblingsblume nennen. „Meine Lieblingsblume," rief der Kronprinz mit einem innigen Blick auf die Fürstin, „ist ein Stiefmütterchen!" und als er bemerkte, wie dankbar froh sie das aufnahm, schenkte er ihr bald darauf ein Geschmeide, dessen Edelsteine lauter Stiefmütterchen darstellten; die Fürstin aber überwand nach und nach durch ausdauernde Demuth und edlen Sinn alle Vorurtheile und erwärmte die Herzen zu inniger Zuneigung, namentlich gelang ihr das bei der damaligen Großfürstin, späteren Kaiserin von Rußland, durch einen Zug, der wohl der Aufbewahrung werth ist. Friedrich Wilhelm III. besaß einen Zobelpelz von außerordentlicher Schönheit, den einst die Königin Louise von Kaiser Alexander geschenkt bekommen; seine älteste Tochter hatte schon oft den Wunsch nach dem Besitze dieses schönen Pelzes blicken lassen, ohne ihn erfüllt zu sehen. Am Geburtstage der Fürstin von Liegnitz gab ihr Königlicher Gemal ihr die kostbare Gabe mit andern reichen Geschenken; als er sie fragte, ob sie denn zufrieden sei, erwiderte sie, sie sei überreich beschenkt, und doch habe sie noch eine Bitte auf dem Herzen, wenn der König ihr die noch erfülle, dann sei sie ganz glücklich. Der König sagte: „Im Voraus verspreche ich nichts, Du weißt aber, daß ich Dir jeden Wunsch gern erfülle, der recht und billig ist, also sprich!" Da sagte sie: das Geschenk jenes Pelzes bedrücke sie, die Gabe sei zu kostbar, auch fühle sie, wie die älteste Tochter daran viel mehr Ansprüche habe, wolle der König ihr eine recht große Geburtstagsfreude machen, so möge er der Tochter den Pelz geben, aber ja nichts von ihrer Bitte erwähnen. Da sagte der König bewegt: „Sie soll den Pelz haben, aber wissen muß sie's, daß das von dir ausgeht, damit sie Dich kennen lernt, wie ich Dich kenne."

Der König that was er gesagt und erreichte, was er gewollt. Auch er mußte mit einer gewissen Anmuth zu schenken; so fand der Kronprinz einst auf seinem Weihnachtstisch zwei Situations= pläne, auf dem einen ein einfaches Landgut mit Aeckern und Wie= sen, auf dem andern eine königliche Villa mit dazu gehörigen Gebäuden und großartigem Park, auf dem ersten war Charlotten= hof gezeichnet, wie es damals war, der zweite stellte es nach einem Schinkel'schen Entwurf so dar, wie es durch den Kron= prinzen werden sollte, dabei lag die Schenkungsurkunde des Guts und eine Anweisung zu den Baukosten. Welch durchgebildeter Geist dazu gehörte, dem Besitzthum seine jetzige wunderbar an= ziehende Gestalt zu geben, kann nur der erfassen, der es einst als sumpfige Wiese und unfruchtbaren Acker gekannt hat.

Auch Friedrich Wilhelm IV. gab mitunter reiche Gaben, sinnreich waren sie immer, so gab er dem Hofschlächter Rabe in Potsdam, der ihn zu Weihnachten mit Wurst beschenkt, als Ge= gengabe eine goldene Dose, die in Form einer Wurst gearbeitet war, darauf die Worte: Wurst wieder Wurst. Aber wie gern er auch gab und vergab, er konnte auch versagen. Gleich nach seiner Thronbesteigung schrieb eine Tänzerin an ihn, daß sein hochseliger Vater ihr alljährlich ein Weihnachtsgeschenk von vierzig Friedrichsd'or gemacht, daß sie, da diese Gabe niemals ausgeblieben, sie als einen Theil ihres Gehalts angesehen und ihren Haushalt danach eingerichtet habe, ihre Verlegenheit daher groß sein würde, wenn diese Einnahme künftig wegfallen sollte, und sie deshalb die frohe Zuversicht hätte, Seine Majestät würde ihr dieses Geschenk ferner gewähren. Der König schrieb an den Rand der Bittschrift: „Non!"

Ein Friseur wandte sich in derselben Weise an ihn, bezog sich darauf, daß der König, (dessen Haupthaar schon ungewöhn= lich früh dünn war und später fast ganz ausging) schon als

Kronprinz immer von seinem Haarwuchs befördernden Oel ge=
braucht, und daß der Bittsteller deshalb die Hoffnung und Bitte
wage, der König würde ihn mit dem Prädikat Hoffriseur be=
glücken. Der König schrieb an den Rand: „Wenn's wird ge=
holfen haben."

Daß der, der selbst in die trockenen Geschäfte hinein Humor
brachte, ihn bei der Tafel nicht verschmähte, versteht sich wohl
ungesagt. Es herrschte während derselben fast unausgesetzt eine
heitere Stimmung, und wenn die Gäste auch dabei nie vergaßen,
daß sie an einer königlichen Tafel waren, so beherrschte der
König, der eigentlich die ganze Tafel wie der Musik=Direktor ein
Orchester leitete, und dabei stets die erste Violine spielte, doch die
Stimmung so vollkommen, daß nie etwas Störendes aufkommen
konnte.

Wenn der König jeder Art von Prüderie fremd war in
Dingen, die zu den natürlichen Dingen und Bedürfnissen ge=
hörten, so blieb doch Alles zweideutige, obscöne entschieden fern,
es konnte wohl einmal ein Wort fallen das gegen die Sitte,
aber niemals gegen das die Sittlichkeit etwas einzuwenden hatte.
Wenn der König einmal, was freilich nicht oft vorkam, einen
Abend ganz für sich, d. h. im kleinsten häuslichen Zirkel, nur
mit der Königin, ihren Hofdamen, den dienstthuenden Kammer=
herrn und Adjutanten und vielleicht einem oder einigen Gästen
verlebte, dann war er ganz besonders innerlich vergnügt, es war,
als fühlte man es ihm an, wiewohl ihm die Häuslichkeit that.
Der Abend ging dann still, traulich hin, in einem Gleichmaaß,
das selbst äußerlich nicht einmal durch die Abendtafel unter=
brochen wurde. Eine Hofdame machte den Thee in der Gesell=
schaft auf einem runden Tisch, der dicht an dem stand, an dem
das Königspaar saß, der Thee wurde aus einfachen Tassen ge=
trunken und Backwerk und Butterbrod dazu gegeben. Da kam

es vor, daß einmal, nachdem der König von dem Präsentirteller
genommen, der Lakai weiter ging, der König ihn am Arme faßte,
ihn zurückzog, zu demselben sagte: „Ne, liebe Seele, ich habe
noch lange nicht genug!" und sich nun noch eine tüchtige Por=
tion nahm. Kam die Stunde des Abendbrods, so wurde die
Tafel nicht gedeckt. Vor jedem Anwesenden wurde ein runder
Strohteller, neben demselben ein schmaler, in länglicher Form
hingestellt, auf den runden wurde der Teller, auf den läng=
lichen Messer und Gabel gelegt; die Lampen, die Bücher
und Zeitungen des Königs, die Stickerei der Königin blieben auf
dem Tische liegen, Jeder nahm oder nahm nicht einen Teller
mit Speise aus der Hand des präsentirenden Lakaien, der zugleich
mit der Flasche Wein umherging, um dem, der nach verlangte,
einzuschenken. Der König trank in der Regel gar keinen Wein.
Hatte man abgegessen, so wurde ebenso unbemerkt das Geräth
wieder fortgenommen, die Unterhaltung war durch die Tafel auch
nicht einen Augenblick unterbrochen oder gestört worden.

Man fühlte in diesem kleinen Zirkel wohl, daß man bei
sehr wohlwollenden, bei sehr fein gebildeten Menschen, man fühlte
vor Allem, daß man bei einem glücklichen Ehepaar zu Gaste
war, aber daß man bei Hofe, daß der Hausherr der Landesherr,
die Hausfrau die Landesmutter war, davon empfand man nichts,
und wenn es einmal zur Sprache kam, so geschah es auf eine
Weise, daß man's eben nur mit Lust empfand. So sagte ein=
mal der König, — nachdem schon die Rede von fremden hohen Herr=
schaften, die kommen wollten, gewesen war, — zur Königin: „Du,
die — kommen auch!" „Was wird das wieder kosten!" sagte
die Königin, nnd der König erwiderte mit einem leichten Achsel=
zucken: „Dafür sind wir eine Großmacht, das bringt's Geschäft
mit sich!"

Zuweilen theilte der König etwas aus Zeitungen mit, von

denen ein ganzes Heer auf dem Tische lag. Der König beherrschte dies Heer mit Hülfe eines andern, das, wenn nicht das muthigste, doch das anmuthigste war, daß je für einen Herrscher gekämpft. Da er unmöglich alle Zeitungen lesen konnte, las die Königin sie für ihn, und die Hofdamen mußten ihr dabei behülflich sein, jeder wurde ein Antheil Zeitungen zugetheilt, die sie durchlesen, und diejenigen Stellen, von denen sie glaubte, daß sie der Mittheilung werth seien, mit einer besonderen Marke bezeichnen mußte; darauf las die Königin die markirten Stellen durch und wählte aus ihnen wieder diejenigen aus, auf welche sie mit einer andern Marke den König hinweisen wollte. Die Hofdamen mußten auf die Art viel Politik treiben, wenn auch nicht mehr als ihnen gut, so doch mehr als ihnen lieb war.

Worauf auch die Rede kam, es sei das Alltäglichste oder Sublimste, überall war der König zu Hause; daß er sprechen konnte, wie kein Anderer, ist bekannt, seine Reden haben die Reisen um die Welt gemacht. Weniger bekannt ist, daß er hören konnte, wie kein Anderer; nicht nur, daß er die leiseste Andeutung verstand, dem verwickeltsten Ideengange folgte, er hörte auch der beschränkten, der breiten, der befangenen Rede mit mehr als Geduld, mit liebreicher Theilnahme zu. Wo er befriedigt war, zeigte sich das oft durch einen lauten Ausbruch, wie z. B.: prächtig! deliciös! wo er nicht befriedigt sein konnte, durch ein freundliches Nicken mit dem Kopf, durch ein mildes theilnehmendes Hm! oder auf irgend eine Weise, die dem Stockenden Muth, dem Bittenden Hoffnung gab. Und das that ein König, von dem ein englischer Staatsmann sagte: Friedrich Wilhelm IV. ist von allen Monarchen, die je geherrscht haben, der Einzige, der, wenn er vom Throne stiege, in jeder beliebigen Wissenschaft sein Brod als Professor finden könnte.

Er schien unermüdlich und doch wurde er müde, da der Lebensabend nahte; das fühlten die ihm Nahestehenden kurz bevor der Schlaganfall ihn im Herbst 1857 traf. Er hatte die Mitglieder des in Berlin versammelten evangelischen Bundes nach Potdam eingeladen, und redete dort mit Vielen von ihnen. Zu einem ihm bekannten Geistlichen, dem jüngeren Strauß, dessen Mutter kürzlich gestorben, sprach er: „Ihr Mütterchen ist nun auch zur Ruhe — ach, ich sehne mich auch recht nach der Ruhe!" Wenige Tage darauf gab ihm jener Anfall, wenn auch noch nicht die ewige Ruhe, doch das Ausruhen von seinem königlichen Beruf.

Vor zwanzig Jahren hatte er geglaubt, noch zwanzig Jahre zu leben. Bald nach seinem Regierungs-Antritt hatte er den General-Garten-Direktor Lenné zu sich kommen lassen und zu ihm gesprochen: „Der Herzog von Dessau hat aus seinem Lande einen Garten gemacht, das kann ich mit dem Meinen nicht, dazu ist's zu groß, aber aus der Umgegend von Berlin und Potsdam könnt' ich einen Garten machen; ich kann vielleicht noch zwanzig Jahre leben, in der Zeit läßt sich schon etwas schaffen, machen Sie mir einen Plan mit Rücksicht auf die Worte, die ich eben zu Ihnen gesprochen!"

Zwanzig Jahre später ruhte das Herz des Königs in der Gruft seiner Eltern.

Mordanfälle auf Preußens Könige.

Leider sind Versuche gegen das Leben preußischer Könige nichts Unerhörtes. Archenholz in seiner Geschichte des siebenjährigen Krieges spricht von einem solchen, den ein Kammerdiener des großen Königs mit vergifteter Chocolade gegen denselben unternommen haben soll. Dieser Kammerdiener, mit Namen Glasow, der während des Aufenthalts in Lockwitz bei Dresden die Stelle des erkrankten Geheimkämmerers Fredersdorf versah, soll in der Küche von einem Knaben belauscht worden sein, wie er gemeinschaftlich mit dem königlichen Cafetier Völker des Königs Frühstücks=Chocolade vergiftet habe; der Knabe soll zum Könige geeilt sein, um ihn zu warnen, worauf dieser, als Glasow die Chocolade präsentirte, ihn mit durchdringendem Blick angesehen, daß der Verbrecher sich bestürzt vor ihm niedergeworfen und sein Vorhaben bekannt. Auch in den von Fischbach, Hoßmann und Heinsius herausgegebenen „Denkwürdigkeiten und Tagesgeschichte der Mark Brandenburg", sowie in mehreren Volksbüchern ist diese, wiederholt durch Kupferstiche illustrirte Begebenheit mitgetheilt worden und hat dadurch allgemeine Verbreitung im Volke gefunden. Dennoch erscheint sie bei näherer Prüfung völlig unglaubhaft. Büsching behauptet, Glasow sei zu jener Zeit wegen Betrugs, den er in Gemeinschaft mit dem obengenannten Völker und unter Benutzung des königlichen Petschaftes versucht habe, bestraft worden. Es spricht für diese Behauptung ein im kö-

niglichen Archiv befindliches Immediat = Gesuch vom 22. Juni
1757, in welchem der Vater jenes Glasow, damals Zeuglieute=
nant zu Brieg, den König bittet, seinen zu einem Jahr
Festung verurtheilten Sohn zu begnadigen, aus Rücksicht
darauf, daß er als ein junger Mensch, in Ermangelung reifen
Verstandes, leicht zu verführen gewesen; worauf der König unter
das Schreiben decretirt: „Seines Sohnes Verbrechen ist groß,
etwas habe mitigirt." Das Gesuch wie der Bescheid lassen beide
die Vermuthung eines Betrugs, aber nicht einer Königsvergiftung
zu; da aber zu jener Zeit noch kein öffentliches Strafverfahren
stattfand, so konnte das Publikum, welches nur erfuhr, daß der
Kaffeekocher und der Kammerdiener des Königs auf Festung ge=
schickt wären, leicht auf den Gedanken kommen, der Eine habe
Gift gebraut und der Andere es präsentirt.

Minder zweifelhaft, wenn auch nicht völlig beglaubigt, er=
scheint, was Ehlert in seinen Charakterzügen Friedrich Wilhelm
des Dritten mittheilt. Er erzählt: Bei des Königs Aufenthalte
in Erdmannsdorf, welches er um der romantischen Lage am Fuße
des Riesengebirges willen sehr liebte, und wo er, entfernt von
der großen und unruhigen Welt, glücklich sich fühlte, empfing er
einst ein anonymes Schreiben, dem Postzeichen nach aus Bres=
lau. In demselben wurde der König in einer zwar ungebilde=
ten, doch treuherzigen, gutmüthigen Sprache gewarnt, mehr auf
seiner Hut zu sein, und gebeten, eine Wache vor seinem Hause
aufstellen zu lassen, nicht mehr bei unverschlossenen Thüren
zu schlafen, und namentlich nicht Abends, wie bisher ge=
schehen, allein und ohne Begleitung in den benachbarten Eichen=
und Buchenwald zu gehen. Der anonyme Schreiber bat drin=
gend, die gutgemeinte Warnung zu beachten, weil er gewiß
wisse, daß ein Bösewicht, der Arges im Sinn habe, Erdmanns=
dorf umschleiche. Der König lächelte, als er den Brief gelesen,

theilte den Inhalt erst später mit und änderte nichts in seiner einfachen, harmlosen, patriarchalischen Lebensweise. Als er seiner liebgewonnenen Gewohnheit nach an einem schönen Sommerabende, stillen Betrachtungen nachhängend, in dem prächtigen Eichen= und Buchenwalde wieder ganz allein auf= und abging, und eben an der wunderbaren Beleuchtung der untergehenden Sonne seine Freude hatte, trat plötzlich ein Mensch mit finsterem Angesicht, struppigem Haar und arm gekleidet, welchen, da er hinter einem Baume stand, der König bis dahin nicht wahrgenommen hatte, an ihn heran. In barscher, ungeziemender Sprache und respekt= loser Stellung sprach der Mann: „Hier stehe ich und warte schon lange. Es ist mir lieb, daß ich die Majestät endlich einmal treffe. Ich bin Ihr Unterthan, mir geht es schlecht. Sonst wohlhabend, bin ich arm geworden durch einen langjährigen Proceß, den ich, wenn noch Gerechtigkeit auf Erden wäre, hätte gewinnen müssen und doch verloren habe; ich bedarf und ver= lange Hülfe!" Ruhig, mit festem Blick den Sprecher vom Kopf bis zur Fußsohle messend, erwiderte der König: „Können schrift= lich einkommen! Die Sache untersuchen lassen; es soll Ihnen werden, was recht ist!" — „Ja einkommen," entgegnete der Mensch, „das habe ich seit Jahren wiederholentlich gethan, aber das hat mir nichts geholfen. Meine wiederholte, Allerhöchsten Orts eingereichte Klage, ist zu gutachtlichem Berichte immer wie= der an dieselbe Behörde zurückgeschickt, die mich verurtheilt hat, und da bin ich immer wieder abschläglich beschieden. Ich kenne die Stadt= und Landgerichte; eine Krähe hackt der andern die Augen nicht aus. Zur Verzweiflung gebracht, hat meine Ge= duld nun ein Ende, ich fordere mein Recht!" — „Sie begreifen doch," antwortete der König, „daß ich hier gleich auf der Stelle Ihre Wünsche nicht erfüllen kann. Ruhig sein, nicht so heftig und ungestüm, gelassen, mir mal die ganze Sache und ihren Her=

gang erzählen, aber reblich unb aufrichtig." Der Mann that
das auf dem Rückwege, aber stoßweise, unter Flüchen; boch wurbe
er ruhiger, nachbem ber König immer besänftigenbe Worte ein=
geschoben. Darüber war man an's Lanbhaus des Königs zu=
rückgekommen unb er ließ sofort in seiner Gegenwart ben An=
kläger zu Protokoll nehmen unb setzte immer selbst hinzu, was
ihm günstig sein konnte. Nachbem das Geschäft beenbigt, sprach
er zu ihm: „Wohl hungrig, burstig unb mübe? Erquicken, aus=
ruhen!" unb befahl, ben Mann gut zu bewirthen unb ihm ein
Schlafzimmer für die Nacht anweisen zu lassen. Des anbern
Tags ließ er ihn nochmals vor sich kommen, mit ber Versicherung,
seine Klage solle gründlich untersucht unb ihm Gerechtigkeit zu
Theil werben; er entließ ihn bann mit einem ansehnlichen Ge=
schenk.

Das Ergebniß ber genau unb gewissenhaft angestellten Re=
vision des Processes fiel für ben Kläger ungünstig aus, unb bas
frühere, burch alle Instanzen gegangene Urtheil mußte bestätigt
werben; ber König aber half ihm nun auf anbern Wegen, so
baß er boch zufrieben gestellt wurbe unb wieder zum Wohlstanbe
gelangte. Späterhin hat er seinem Beichtvater, einem würbigen
Manne, vor bem Genusse des heiligen Abenbmahls bei Ablegung
seines Sünbenbekenntnisses gestanben: „Ich lauerte auf ben Kö=
nig im Walbe bei Erbmannsborf, weil ich wußte, baß er Abenbs
oft unb zwar allein unb ohne Begleitung bahin zu gehen pflegte.
Im Zustanbe ber Verzweiflung, ba ich kein Recht finben konnte,
war ich persönlich gegen ihn erbittert, weil er mir helfen konnte
unb boch nicht half, unb hatte, bewaffnet mit einem in meiner
Weste versteckten Dolche, Böses im Sinne. Aber Gott mag
wissen, wie es kam — als ich bem König ins Auge blickte, unb
er mich ansah, wurbe mir auf einmal ganz anbers zu Muthe
unb ich fühlte: nein, bas geht nicht! Es war mir, als wenn

der Teufel von mir gewichen und ein Engel mit seiner Hülfe zu
mir getreten wäre; mein bitteres Herz wurde weich und zitterte
in mir, und ich knöpfte fester meinen Wamms zu, damit ich nicht
zum Dolche kommen konnte. Ich war müde, konnte aber doch
des Nachts nicht schlafen vor innerer Angst. Als ich am andern
Morgen vor ihm stand, kamen mir Thränen in die Augen, und
wie er mich beschenkte, wollte ich knieen und seine Füße küssen;
das litt er aber nicht, und noch sehe und höre ich ihn sagen:
„Ruhig sein und hoffen! Es geht wohl mal schlimm, wird
dann aber auch wieder besser.“ Wie danke ich Gott, daß ich's
nicht gethan habe und nicht als Meuchelmörder in den Abgrund,
an dessen Rand ich stand, gestürzt bin! O, wie hab' ich nun
den König so lieb!“

Die ganze Erzählung hat in sich so viel Glaubwürdiges,
daß man trotz manchen unwahrscheinlichen Beiwerks gern daran
glaubt, während die von einer Lebensrettung durch den Grafen
Roß *) nnd namentlich das Schreiben Hardenbergs an den Letztern so handgreiflich den Stempel ungeschickter Erfindung trägt,
daß jeder Besonnene die Täuschung durchschauen muß.

Freilich ist nicht Alles wahrscheinlich, was wahr ist. Als
am 26. Juli 1844 die Kunde durch Berlin lief, es sei auf Friedrich Wilhelm IV. geschossen worden, da wollte das Keiner glauben. Der König selbst wollte es nicht glauben. Er
war eben mit der Königin in den Wagen gestiegen, um nach
dem Frankfurter Bahnhof zu fahren und eine Reise nach Schlesien anzutreten; eine große Anzahl von Menschen hatte sich vor
dem Schloß versammelt, um das Königspaar abreisen zu sehen;
da drängte sich durch die Menge ein Mann, legte ein Pistol auf
den Schlag des Wagens, dessen Fenster offen standen, zielte auf

---

*) S. Dorow's „Erlebtes,“ Theil II., S. 60 und 61.

den König und drückte ab; als er sah, daß der König unverletzt war, zog er ein zweites Pistol hervor und drückte ab.

Der König, der keine Verwundung fühlte und in dem kein Gedanke aufkam, daß man ihm an's Leben wolle, glaubte, die beiden Schüsse seien ein Paar unbesonnene Freudenschüsse gewesen; er wandte sich zum Fenster hinaus zur erschreckten Menge, rief, um sie zu beruhigen: „Es ist weiter nichts; es war ein dummer Spaß!" und befahl, nach dem Bahnhofe zu fahren. Als er dort ausstieg, fühlte er einen Druck an der linken Seite, der so zunahm, daß er dem Arzt davon sagte. Da nun dieser ihn ersuchte, sich zu entkleiden und ihm dabei behülflich war, fiel ihm eine Pistolenkugel entgegen; jetzt erst erkannte der König, daß eine Mörderhand das Geschoß gegen ihn gerichtet hatte, und die Thränen stürzten ihm aus den Augen. —

Bei näherer Untersuchung fand sich, daß die Kugel des einen Schusses in der Decke des Wagens steckte, die des zweiten die Richtung nach dem Herzen genommen hatte, durch die Falten des Mantels aber, die sich so übereinandergelegt hatten, daß der Mantel siebenmal durchbohrt worden, war die Kraft der Kugel so gelähmt, daß sie nur eine zwar schmerzhafte, aber gefahrlose Quetschung hervorgebracht hatte.

Ungeachtet der beruhigenden Worte des Königs hatte die Menge, sowie der König abgefahren war, geschrieen: „Der hat den König totschießen wollen!" Sie war über Tschech hergefallen, der nur mit aller Anstrengung der Polizei geschützt und zum Arrest gebracht werden konnte.

Der König, der nichts von dem wußte, was nach seiner Abfahrt vom Schloß geschehen, befahl seiner Umgebung, daß von dem Vorfall nicht weiter geredet würde, und dieser Befehl wurde so genau durchgeführt, daß in Frankfurt, wo der König die Nacht zubrachte, der Vorfall am andern Tage erst dann bekannt

wurde, als eine Deputation des Berliner Magistrats daselbst an=
kam, um den König zu seiner Rettung aus Lebensgefahr zu be=
glückwünschen.

Tschech war früher Bürgermeister gewesen, hatte sein Amt
wegen mancher Regelwidrigkeiten ohne Pension aufgeben müssen,
war um ein nicht unbedeutendes Vermögen theils durch über=
mäßigen Aufwand, theils durch falsche Spekulationen gekommen,
und befand sich ohne alle Aussicht für die Zukunft. Da gerieth
er auf die Idee, sich durch eine kühne That eine glänzende Stel=
lung zu bereiten. Er glaubte, das Volk verlange nach Republik,
es werde dem, der ihm von seinem Oberhaupte helfe, zujauchzen
und dem Thäter eine bedeutende Zukunft gewähren. So faßte
er den Vorsatz, den König zu erschießen.

Am Tage vor der That ging er zu einem Daguerreotypisten,
ließ sein Bild in einer höchst theatralischen Stellung aufnehmen
und sagte dem Künstler, daß dies das Glück des Verfertigers
machen werde, denn es würde bald von ganz Europa gefordert
werden.

Tschech gestand sein Vorhaben unumwunden ein und be=
theuerte, er würde, wenn sich Gelegenheit dazu böte, die Tödtung
des Königs von Neuem versuchen. Dennoch konnte sich der
König nicht entschließen, das gegen ihn ausgesprochene Todes=
urtheil zu bestätigen, und erst, als alles Mögliche versucht wor=
den war, Tschech zu einer Sinnesänderung zu vermögen, und
sämmtliche Minister erklärten, daß sie im Fall einer Begnadigung
ihr Amt niederlegen müßten, gab der König nach, und bestätigte
das Urtheil.

Während seiner Haftzeit auf der Hausvoigtei (dem Gerichts=
hof für die damals noch Eximirten) hatte er selbst in den Frei=
stunden mit keinem der Mitgefangenen Gemeinschaft halten oder
auch nur ein Wort sprechen mögen; er erklärte das unter seiner

Würde, weil jene sämmtlich spitzbübische und betrügerische Be=
amte seien. Als er aber hörte, daß ein Gefangener einge=
bracht sei, den die Strafe wegen Beleidigung einer Behörde
treffe, erklärte er: „Mit dem werde ich mich unterhalten!" Für
jeden geistlichen Zuspruch blieb er unzugänglich, und zeigte auch
in den letzten Augenblicken vor der Hinrichtung keine Reue, keine
Erschütterung.

Sechs Jahre später, am 22. Mai 1850, sahen die Be=
wohner der Leipziger Straße zu Berlin mit unruhigem Erstau=
nen, daß ein Spitzreiter (der Stallbediente, der den königlichen
Equipagen voranreitet) in ängstlicher Hast durch die Straße jagte.
Jeder ahnte, daß ein Unglück vorgefallen. Bald verbreitete sich
die Nachricht, daß der Reiter einen Arzt suche, weil ein ehemaliger
Artillerie=Unteroffizier, Sefeloge, den König auf dem Potsdamer
Bahnhof durch einen Pistolenschuß verwundet habe. Der Mör=
der, der einen Militär=Mantel angezogen, hatte in dieser Klei=
dung sich dicht vor den König gestellt und in dem Augenblick, da
derselbe die paar Stufen des Perrons herunterstieg, zwei Schritt
vor ihm die Pistole nach seiner Brust abgefeuert. Durch ein
wunderbares Geschick hatte der König in demselben Augenblick
eine Stufe verfehlt und im Straucheln unwillkürlich den Arm
gehoben, so daß die Kugel nicht das Herz, sondern das dicke
Fleisch des ausgestreckten Vorderarmes traf. Der Mörder wurde
ergriffen und niedergeworfen. Der König befahl, ihn schonend
zu behandeln und behielt so sehr seinen fröhlichen Gleichmuth,
daß er zu dem zufällig in der Nähe weilenden Doctor Böhme,
als dieser beim Verbande es wiederholt rühmte, wie glücklich der
Schuß gefallen, lächelnd sprach: „Am Ende muß ich mich bedan=
ken, daß er es so gut gemacht!" — Der Mörder, der schon
früher Spuren von Geistesstörungen gezeigt hatte, wurde von

den Aerzten für wahnsinnig erklärt und nach einem Irrenhause gebracht, woselbst er nach einigen Jahren starb.

Der Anfall Becker's auf König Wilhelm in Baden lebt noch in Aller Gedächtniß, daß es thöricht sein würde, das Bekannte zu erzählen; er bezeugt, wie die früheren, die wunderbare Bewahrung preußischer Herrscher und die ungetrübte Seelenruhe des Königs, der nur für die Königin besorgt war. Dagegen tritt in den Motiven zu den Attentaten eine merkwürdige Verschiedenheit hervor; in Erdmannsdorf war es persönliches blindes Rachegefühl, was den Genannten auf Mordgedanken brachte; er glaubte sich durch die Schuld des Königs in seinem Recht verletzt. Tschech wurde vom Ehrgefühl gestachelt, er mochte es nicht ertragen, unbedeutend zu sein, und wollte sich Stellung und Geltung verschaffen um jeden Preis, war's auch um den eines Königsmordes. Bei Sefeloge dürfen wir kaum nach den Motiven fragen, wir müssen den Sachverständigen glauben, daß er wahnsinnig war, und der Wahnsinn handelt ohne Sinn nach bloßem Wahn. Bei Becker zeigte sich als Motiv kalte grausame Selbstsucht in der Durchführung einer Idee; seine eigene Erklärung und sein ganzes Benehmen zeugt davon, daß er dem König nicht feind war, er achtete ihn hoch, aber er hielt ihn nicht für geeignet, die Idee der deutschen Einheit zu verwirklichen, darum wollte er ihn erschießen. Stand er mit diesen Grundsätzen nicht allein da, dann konnte der König in seiner Antwort auf das Beileidschreiben der Badener Stadtbehörden mit Recht von dem tiefen Schmerz sprechen, den dies Zeichen der immer weiter um sich greifenden Entsittlichung und Nichtachtung göttlicher und menschlicher Ordnung in ihm hervorrufe. Nachdem der König jene Worte gesprochen, hat es sich wohl gezeigt, daß Deutschland eine Stellung zu diesem Attentate einnimmt, welche

3*

wohl geeignet sein müßte, es selbst von geistiger Mitschuld an demselben zu reinigen. Dies stellt sich ganz deutlich heraus, wenn man die Haltung bei dem Tschech'schen Attentate mit der Haltung bei dem Becker'schen Attentate vergleicht. Während dieses die Veranlassung zu zahllosen Huldigungen für König Wilhelm wurde, war der edle Friedrich Wilhelm IV. selbst bei jener Gelegenheit der von Vielen nicht verstandene König. Verfaßte doch der verstorbene Friedrich Saß in Berlin ein Leierkastenlied mit dem Anfange: „Ihr Leute tretet näher 'ran und nehmt Euch ein Exempel d'ran," welches einer bekannten Melodie angepaßt, mit dem Anfange: „Niemals war ein Mensch so frech, als der Bürgermeister Tschech," bald aus der Provinz als vielgesungenes Lied nach der Hauptstadt zurückkehrte und den anfangs so erschrockenen Berlinern den Hergang erzählte.

Das Becker'sche Attentat, vereinzelt wie es ist, muß eben hauptsächlich dem Freunde der Jugend zu ernsten Betrachtungen Anlaß geben. Sand, ein ähnlicher Frevler, aber doch immer ein anderer Mann als Becker, hatte seinen Mordangriff nicht gegen einen Fürsten, sondern gegen einen unsittlichen Schriftsteller gerichtet. Sand war ein Schwärmer; bei Becker tritt, ungeachtet aller von ihm gelösten Preisfragen, der Mangel an wirklicher Bildung und Klarheit auf eine so erschreckende Weise hervor, daß sein Wesen in seiner Subjectivität durchaus als das Erzeugniß eines modernen Bildungsganges erscheint, dessen Spuren in Deutschland zu finden, wahrhaft niederschlagend ist. Wie es für die Literatur beschämend ist, daß ein so unreifer junger Mensch als Makler und Zwischenhändler zwischen deutscher und russischer Literatur mit ihr schon seine Verbindungen anzuknüpfen gewußt hatte, so mahnt Becker, noch dazu der Sohn eines Pädagogen, daran, daß man das innere Leben der Ju-

gend in unserer Zeit mehr, als oft geschieht, beachten soll, und
daß wenigstens die Familie den studirenden Jüngling in seiner
Absonderung nicht einer trostlosen geistigen Verkommenheit an-
heimgeben darf, die bei Becker selbst bis zum verheimlichten
schleichenden Wahnsinne ausgeartet zu sein schien, während er
mit seinen ärmlichen Kenntnissen selbst akademische Lorbeeren
erjagte!

Das schwarze Buch.

Anfang dieses Jahrhunderts erregte ein Werk, das unter dem Namen das schwarze Buch bekannt war, großes Aufsehen in ganz Deutschland und selbst im Auslande. Der Verfasser desselben hat sich nicht genannt, doch wußte man allgemein, daß der Ober-Accise- und Zollrath von Held es geschrieben. Es wurde gleich nach seinem Erscheinen confiscirt, nur einige Exemplare entgingen der Vernichtung; bald war es, als ob das Buch, von dem allgemein gesprochen wurde, verschwunden wäre, so daß Varnhagen in seiner Lebensbeschreibung des Verfassers sagt:

„das schwarze Buch ist unter diesem Titel weltberühmt geworden, während der eigentliche noch jetzt fast unbekannt ist, wie das Buch selbst; denn wir gestehen, so viel und so oft wir auch seit mehr als vierzig Jahren von dem schwarzen Buche, seinem gewaltigen Inhalt und seiner beispiellosen Freimüthigkeit reden gehört, wir haben es nie zu Gesicht bekommen, noch Jemanden gefunden, der es mit eigenen Augen gesehen."

Ich bin so glücklich, im Besitze dieses Buches zu sein, und glaube den Lesern mehr als eine bloße Befriedigung der Neugier zu gewähren, wenn ich sie mit dem Inhalte desselben bekannt mache. Das Buch ist auch ein Stück vaterländischer Geschichte; aber zu seinem Verständniß erscheint es nothwendig, einen Blick zu werfen auf die Beamtenwelt der damaligen

Zeit, und namentlich auf zwei Beamte, den schon genannten
Held und seinen Freund, den damaligen Kriegsrath, späteren
Ober-Präsidenten von Zerboni.

Während der Regierung Friedrichs des Großen und ganz
besonders während der letzten Decennien derselben hielt das
strenge Regiment des Königs die Beamten in steter Furcht, und
es war mehr dieser Furcht, als einer edleren Quelle zuzuschreiben,
daß Vergehen gegen die Redlichkeit nicht häufiger zur Sprache
kamen; dennoch geschah dies oft genug, um den König immer
mißtrauischer zu machen, so daß er zuletzt Keinen, er sei bei der
Justiz oder bei der Verwaltung angestellt, für redlich hielt und
mit diesem Mißtrauen selbst anerkannte Ehrenmänner verletzte,
die in ihrem gekränkten Gefühl ihm zuweilen Erwiderungen
gaben, in denen der Stolz die Ehrerbietung überwog. So erwiderte der Justizminister von Münchhausen dem König auf eine
mit harten Verweisen erfüllte Cabinetsordre Folgendes:

„Was Ew. Majestät in der Ordre vom gestrigen Dato
mir insbesondere zu erkennen geben wollen, daß in Dero Augen ein
armer Bauer eben so viel gilt, als der vornehmste Graf und
der reichste Edelmann, und das Recht sowohl für geringe als
vornehme Leute sei, habe ich von jeher gewußt, und ich behaupte,
daß durch die ganze Zeit, da ich Ew. Königlichen Majestät zu
dienen die Gnade habe, ich niemals auch nur Verdacht gegeben,
es nicht zu wissen. Die Vorstellung des Dieherr ist nicht durch
meine Hände gegangen, sie gehört auch nicht zu meinem Depar-
tement. Daß ich in verschiedenen Resolutionen unbefugte Sup-
plikanten vor der Strafe des muthwilligen Supplicirens gewarnt,
ist wahr, und eines Fall's, dergleichen auf meine besondere
Veranlassung vollzogen worden, erinnere ich mich nicht gleich.
Jene Warnung ist nach meiner Einsicht und Ueberlegung eine
wahre Wohlthat für dergleichen Leute, die für jedes nützliche

Geschäft verloren sind, so lange sie mit dem Suppliciren fort-
fahren, da ihnen zu dem, was sie verlangen, zu helfen nicht
möglich ist, und ich habe gesucht, dadurch, daß ich sie von
ihrem Eigensinn abhielt, mich um sie verdient zu machen.
Wenn ich wirklich in dem Falle begriffen wäre, bei der Rechtspflege einen Unterschied zu machen zwischen Armen und Reichen,
Vornehmen und Niedrigen, so müßte die Quelle davon tiefer
liegen, als daß ihr durch eine bloße Zurechtweisung geholfen
werden könnte. Ich bitte alleruntertänigst, daß Ew. Majestät
geruhen, mir die Fälle, wodurch ich eine so ungnädige Beschul-
bigung auf mich geladen, anzeigen zu lassen."

Solche Erwiderungen, Erzeugnisse eines reinen Gewissens
und eines auf gutem Bewußtsein ruhenden edlen Stolzes, nahm
der große König schweigend hin, ja er freute sich darüber, doch
benahmen sie ihm sein Mißtrauen nicht; fehlte es ihm doch nicht
an schmerzlichen Erfahrungen, daß die Beamten, selbst die höchsten,
sich grobe Unredlichkeiten zu Schulden kommen ließen. So hatte
der Minister von Görne mit Geldern, die er nach und nach aus
königlichen Kassen genommen, sich im damaligen Königreich Polen
die sehr ansehnliche Herrschaft Krotoschin gekauft. Er wurde,
als der Betrug zur Sprache kam, kassirt und zur Festungsstrafe
verurtheilt, die Herrschaft aber auf des Königs Befehl sequestrirt.
In der betreffenden Kabinetsorbre vom 26. Januar 1782 heißt
es: Da ich mich und die Kasse so gut als möglich aus seinem
Vermögen bezahlt machen muß, so soll das viele Holz, um Geld
zu schaffen, Fuß für Fuß (d. h. alles ohne Unterschied, also
auch das noch ganz junge, fast werthlose) weggehauen und wie
möglich und thunlich versilbert werden.

Als der König diesen Befehl gab, der den Werth der Herrschaft um Hunderttausende verminderte, ahnte er nicht, daß auch
dieser Theil von Polen schon eilf Jahre später preußische Pro-

vinz werden und der Schaden also den eigenen Staat treffen
würde. Nachdem nun bei der letzten Theilung des Königreichs
Polen jene bedeutende Landesstrecke unter dem Namen Süd-
Preußen zu Preußen geschlagen worden, kam sie unter die Verwaltung des Ministers von Voß; denn damals stand jede Provinz unter einem eigenen Minister, der sie selbstständig regierte
und nur dem Könige verantwortlich war. Der neue bedeutende
Ländererwerb forderte eine große Zahl von Beamten; denn Polen,
das bisher fast gar nicht regiert worden war, sollte nun als
Süd-Preußen preußisch regiert werden, da nahm man denn aus
den alten Provinzen, was irgend brauchbar oder auch selbst was
unbrauchbar war. Viele machten außerordentliche Carriere. Es
kam vor, daß der jüngste Assessor eines Collegiums nach Süd-
Preußen als ältester Rath eines dortigen Collegiums versetzt
wurde. Der spätere Chef-Präsident des Breslauer Oberlandge-
richts, Graf Dankelmann, wurde mit neunzehn Jahren schon Re-
gierungsrath (jetzt Tribunalsrath, denn was jetzt Regierung heißt,
das hieß damals Kriegs- und Domainenkammer). Dankelmann
hat in seinem ganzen Leben sich als tüchtiger Beamter und als
Ehrenmann bewährt; das konnte man nicht von Allen sagen,
die damals Carriere machten; es gab Creaturen darunter, die
Bedienten waren, Bedientenseelen hatten und eben deshalb befördert wurden.

Aber nicht nur Beamte, auch andere Leute machten bei dem
neuen Ländererwerb ihr Glück. Er umfaßte zahlreiche Domainen,
viele davon wurden verschenkt; bei diesen Schenkungen war die
Gunst des Ministers von Hoym entscheidend.

Hoym, unter dessen Verwaltung Schlesien stand, bekam
bald an Voß' Stelle zugleich die von Süd-Preußen. König
Friedrich Wilhelm beehrte ihn mit ganz besonderem Vertrauen

und berücksichtigte seine Vorschläge bei jenen Schenkungen fast ohne Ausnahme.

Der König hatte einen angeborenen Hang zur Freigebigkeit; er belohnte lieber und leichter, als er bestrafte; das Versagen einer Bitte wurde ihm so schwer, daß er, um dem Andrange der Bittenden zu entgehen, deren Befriedigung zuletzt über seine Kräfte ging, niemals bekannt werden ließ, wann er ausfahren oder ausreiten würde. Um nun das Publikum zu täuschen, wurden gesattelte Reitpferde und angespannte königliche Equipagen auf öffentlicher Straße hingestellt, bei denen sich die Masse, welche Bittschriften überreichen wollte, sammelte, während der König unterdeß an einer andern Stelle unbemerkt ausfuhr oder ausritt. Daher kam es, daß ein königlicher Kutscher einst, da er sein Aufgebot anmeldete, durchaus als königlicher geheimer Kutscher aufgeboten werden wollte, weil er der Kutscher sei, der den König auf seinen geheimen Fahrten bediente.

Jener Hang zur Freigebigkeit hatte dem Könige, da er als muthmaßlicher Thronerbe noch den Namen eines Prinzen von Preußen führte, manche Verlegenheiten bereitet, indem er dadurch genöthigt wurde, Schulden mit großen Opfern zu machen.

Die rücksichtslose Strenge des großen Königs in diesem Punkte war bekannt. Jeder, der dem Thronfolger Geld lieh, mußte sich sagen, daß es verloren war, wenn der Prinz sterben sollte, so lange Friedrich regierte. Die Gläubiger ließen sich daher das Risiko mit hohen Zinsen vergüten; auch waren es in der Regel nicht gerade die Reellsten, die mit solchen Ge= schäften sich befaßten.

Ein Onkel von mir, ein Major von Grawert, Adjutant beim Prinzen von Preußen und später Flügel-Adjutant des Kö= nigs erzählte mir folgenden Zug: Der Prinz, später Friedrich Wilhelm II. hatte eines Tages zu ihm gesagt: „Grawert, Sie

sehen so verstimmt aus, Sie haben gewiß wieder kein Geld,“
worauf er als Antwort seufzend die Achseln gezuckt. „Das ist
schlimm,“ hatte der Prinz mit sichtlicher Theilnahme geäußert,
„ich kann Ihnen auch nichts geben, ich habe selber nichts!“
— Nach einer Pause hatte der Prinz gesagt: „Ich habe ja noch
tausend Hammelfelle, die will ich Ihnen geben, sehen Sie zu,
wie Sie die zu Geld machen.“ Das hing so zusammen: Die
Wucherer, an die sich der Prinz wandte, schützten öfter vor, daß
sie selbst Geldmangel litten, boten statt dessen Waaren auf Credit an, die in augenblicklicher Bedrängniß angenommen wurden;
so bekam Grawert die tausend Hammelfelle, und verkaufte sie
für fünf und siebenzig Thaler, während sie seinem Herrn vielleicht die zehnfache Summe gekostet hatten.

Grawert besorgte seine Geldangelegenheiten so sorglos, daß
sein Bedienter ihm unbemerkt nach und nach vierhundert dreißig
Thaler aus dem Schreibtisch nehmen konnte; nur ein Zufall,
der es an den Tag brachte, daß jener im Besitze eines Nach-
schlüssels war, brachte auch den Diebstahl an den Tag. Der
Dieb hatte die ganze Summe noch im Besitz, hatte genau über
die Entwendungen Buch und Rechnung geführt, Summe und
Datum genau angegeben und dabei immer im Buche vermerkt:
von dem bewußten Orte. Für seinen Herrn, der sich
eben in bringender Geldverlegenheit befand, war die Entdeckung
so willkommen, daß er den Dieb zwar fortschickte, aber nicht
bestrafen ließ.

Als der Prinz von Preußen zur Regierung gelangte, befahl
er, daß alle seine Gläubiger Kapital und Zinsen ausgezahlt erhielten und zwar in Golde, wo sie Silber gegeben hatten; so
kamen plötzlich große Summen baaren Geldes in Circulation,
die bei der damals mangelnden Gelegenheit, sie in zinsbaren
Papieren unterzubringen, größtentheils zum Güterankauf verwendet

wurden und dadurch die Preise der Landgüter plötzlich in die
Höhe trieben. Eine günstige Gelegenheit zu solchen Ankäufen
boten die oben erwähnten zahlreichen Schenkungen von Domainen,
da die meisten der Beschenkten sie sogleich wieder verkauften. Zu=
folge eines Nachweises in den Feuerbränden (1807, zweites Heft,
Seite 65) betrug die Anzahl der in den Jahren 1784 bis 1788
verschenkten südpreußischen Güter nicht weniger als zweihundert
uud vierundvierzig, ihr dem Könige angegebener Werth
betrug nach diesen Mittheilungen drei und eine halbe Million,
ihr wirklicher Werth zwanzig Millionen Thaler. Es ist heute
nicht mehr möglich, zu beurtheilen, ob diese Werthangaben rich=
tig sind; erwägt man aber einige Thatsachen, die mir persönlich
genau bekannt sind, so erscheinen jene Angaben kaum übertrieben.

Die Güter Grabowo und Krzywagora, deren Werth man
dem Könige auf fünfzehntausend Thaler angab, wurden an den
vorerwähnten Grawert verschenkt, der sie, mit Ausschluß der werth=
vollen Haide, an einen Amtmann Nehring für fünfzehnhundert
Thaler jährlich verpachtete, so daß ihr reeller Werth auf min=
destens funfzigtausend Thaler angenommen werden darf. Dem
Geheimen Rath von Goldbeck, Sohn des Großkanzlers, schenkte
der König die Güter Russow, Thkartlow und Klokinie, deren
Werth auf sechsundzwanzigtausend achthundert Thaler angegeben
wurde; Goldbeck verkaufte sie an meinen Vater für zweiundsechszig
tausend Thaler. Dieser ließ die beiden erstgenannten Güter
gerichtlich taxiren; ihr Werth stellte sich auf hundertundzwanzig=
tausend neunhundert und fünfundzwanzig Thaler heraus; da nun
Klokinie, das durch seine bedeutende Forst einen höheren Werth
hatte, als die beiden andern, nicht mit taxirt war, so betrug der
Gesammtwerth der drei Güter gegen zweimalhunderttausend
Thaler.

Ein ehemaliger Förster des kassirten Ministers von Görne,

Namens T., bekam Güter, deren Werth dem Könige auf ein-
unddreißigtausend Thaler angegeben wurde, deren wirklicher Werth
jene Nachweisung, wahrscheinlich nicht ohne Uebertreibung, auf
siebenmalhunderttausend Thaler berechnet. Auch H. wurde reich
beschenkt, er erhielt dreizehn Besitzungen. Denn viele dieser
Schenkungen trafen wahrhaft würdige Männer. So befindet
sich Blücher und der redliche Köckritz unter den Beschenkten; auch
Grawert erhielt Grabowo nicht aus bloßer Gunst. Er hatte, ich
weiß nicht mehr in welcher Schlacht der Rhein-Campagne, eine
Ordre des Königs an den kommandirenden General des linken
Flügels zu überbringen; als er dort ankam, erkannte er, daß
der Stand der Schlacht ein ganz anderer sei, als der König
vorausgesetzt, und daß die Ausführung der Ordre die verderb-
lichsten Folgen herbeiführen müsse; er änderte den Befehl nach
seiner Ansicht, richtete ihn aus, als käme er vom Könige, und
erst nachdem der General die Ausführung angeordnet hatte, gestand er ihm, was er gethan. Der General sprach erschrocken:
„Grawert, das kann Ihnen den Kopf kosten!" Grawert erwiderte: „Mein Kopf ist nicht soviel werth, als eine gewonnene
Schlacht." — Sie wurde gewonnen; der König hatte zu seiner
Ueberraschung bemerkt, daß die Bewegung ganz gegen seinen
Befehl stattgefunden, aber ein überraschend glückliches Resultat
herbeigeführt hatte. Als er den Zusammenhang erfuhr, um-
armte er Grawert, hing ihm den Orden pour le mérite um
und schenkte ihm das Gut Grabowo.

Claudius sagt in seinem Vermächtniß an seinen Sohn Johannes: „Wolle nicht immer großmüthig sein, aber
wolle immer gerecht sein." Gerechtigkeit zu üben, war
Friedrichs des Großen stete Maxime; in seinem Nachfolger herrschte
die Neigung vor, Großmuth zu üben; das zeigte sich bald im
Gange der Rechtspflege wie der Verwaltung und brachte Er-

scheinungen hervor, die wenige Jahre vorher unmöglich gewesen
wären.

Unter den Beamten, die in Süd=Preußen ihr Glück und
ein Feld für die ihnen inne wohnende Kraft zu finden hofften,
war auch ein Schwager meiner Mutter, Assessor Zerboni,
der sich an den ihm bekannten Minister Grafen H. wandte und
ihn um eine Empfehlung an den Minister von Voß bat. H.
versprach sie mit schönen Worten, als aber Zerboni sich später
an Voß wandte, hatte Jener sein Wort nicht gehalten; Voß
wußte nichts von Zerboni, erkannte aber bald dessen bedeutende
Fähigkeiten und machte ihn zum Kriegs= und Domainenrath.
Kurze Zeit darauf bekam H. neben der Verwaltung von Schlesien
zu gleicher Zeit die von Süd=Preußen und fand hier wider sein
Erwarten Zerboni. Dieser hatte mit scharfem Auge arge Miß=
bräuche und Unredlichkeiten entdeckt, welche die neuen Verwal=
tungsbeamten sich zu Schulden kommen ließen und machte dem
Minister Anzeige davon, mit der Angabe, daß der Staat da=
durch um mehr als eine Million betrogen worden. H. wies
ihn zurück, nannte seine Anzeige unberufenen Vorwitz und be=
fahl, als Zerboni sie mit evidenten Belegen erneuerte, ihn un=
behelligt zu lassen. Einige Zeit darauf brach in Breslau ein
Aufstand aus, durch den H. lebensgefährlich bedroht wurde und
der nur durch Kartätschenschüsse überwältigt werden konnte, welche
gegen hundert Menschen tödteten. Da brach Zerboni's mühsam
zurückgehaltener Groll hervor; er schrieb an H. einen Brief, dessen
merkwürdigen Inhalt folgende Stellen andeuten:

„Es sind am sechsten dieses Monats Auftritte in der Haupt=
stadt Schlesiens vorgefallen, die in einem wohlregierten Staate
nicht erhört sind. Unsere Staatsverfassung ist gut; unsere Ge=
setze sind weise; wo kann also der Fehler anders liegen, als in
der Ausübung der letztern? — Das Volk hat bei den vorge=

4

fallenen Auftritten eine Energie gezeigt, die mich an meinen Landsleuten überrascht. Ein einziger entschlossener Bösewicht von Kopf, der sich an die Spitze des gährenden Haufens geworfen, seine regellosen Bewegungen nach einem Plane geleitet hätte — und es wären Auftritte erfolgt, über die Sie jetzt mit der ohnmächtigen Verzweiflung eines Weibes die Hände rängen. Sie haben das Vorurtheil der Geburt, das man sonst ertrug, zu einer Zeit, wo man dreist jedem grauen Wahne in die Augen leuchtet, durch die kleinlich strengen Grenzlinien, die Sie in Ihren Zirkeln ziehen, unausstehlich und Sich selbst dem gebildeteren Bürgerstande unerträglich gemacht. Ueber den, durch tausend bedenkliche Begünstigungen erkauften Bücklingen Ihrer souperfähigen Herren übersehen Sie die Achtung edler Männer, die im Sturm um Sie treten und Ihnen mit Rath und Entschlossenheit aushelfen könnten, wenn der Insektenschwarm, der nur im Sonnenblick Ihrer glänzenden Epoche zu dauern vermag, verjagt ist."

„Mit Wehmuth habe ich bei meiner kürzlichen Anwesenheit in Schlesien bemerkt — es ist weit gekommen — Männer von Herz und Kopf hassen Sie nicht mehr; sie verachten Sie, Ihre Gunst ist der Stempel geworden, an dem man einen zweideutigen, characterlosen Menschen erkennt. Man arbeitet daran, Ihre Periode zu beschleunigen." — „Unglücklicher Mann, mit so unendlichen Talenten zu eigener und zur Glückseligkeit Anderer! Sie verhandeln gegen die erkauften albernen Schmeicheleien weniger characterloser Menschen, die Sie umgeben, die Vergötterung einer ganzen Nation, die Ehrensäulen folgender Jahrhunderte und — was mehr als Alles dies ist, ein großes, edles Herz, das Sie über alle Zufälle des Schicksals erheben könnte! — Ich spreche in diesem nur für Sie existirenden Blatte eine Sprache mit Ihnen, die Sie vielleicht überrascht: aber es hat

auch noch nie einem Sterblichen Ihre Erdenseligkeit wärmer als
mir am Herzen gelegen. Wie hätte ich auch sonst bei meiner
Denkart pflichtwidrig den Anforderungen widerstehen können,
unsere, für mich so beleidigende Correspondenz über die Diebe-
reien des südpreußischen Feldkriegskommissariates dem Thronfolger vorzulegen. — Antworten Sie mir, was Sie wollen,
antworten Sie mir auch gar nicht. Wollen Sie mich aber
kränken, so lassen Sie mir durch einen Ihrer Schreiber eine mit ver-
brauchten schalen Huldversicherungen angefüllte Antwort auf-
setzen. — Ich bin mit den Gesinnungen, welche mir meine ab-
sichtslose, innige, persönliche Neigung gegen Sie einflößt, und
der Verehrung, welche das zwischen uns bestehende Dienstver-
hältniß nothwendig macht, Ew. Excellenz gehorsamster treuer
Diener Zerboni. Petrikau, den zwölften Oktober 1796.“

Obgleich Zerboni an H. geschrieben, daß dies Blatt nur
für ihn, den Minister, existire, hatte er doch der Versuchung
nicht widerstehen können, es an einige Vertraute mitzutheilen;
das Urtheil darüber war verschieden; sehr unzufrieden war Held
darüber, der das Schreiben ein unselig Mittelding zwischen
Schmeichelei und Grobheit nannte. Held kannte und mochte
kein Mittelding, sondern nur die äußerste Grenze; was er war,
das war er ganz, also auch ganz grob.

Zerboni wartete in höchster Spannung auf den Erfolg
dieses Briefes; vier Wochen wartete er vergebens, und schon
glaubte er, daß der Minister, was ihm allerdings das Empfind-
lichste gewesen wäre, ihn gar nicht beachtet habe, da wurde er
durch einen Cabinetsbefehl völlig unerwartet verhaftet und nach
der Festung abgeführt. Der Brief war dem Könige dargestellt
worden, als sei der Angriff auf dessen hohe Diener ein Angriff
auf des Königs eigenes Ansehen, und so wurde die strengste
Untersuchung und Bestrafung befohlen. Doch mochte der Mi-

4*

nifter beforgt fein, daß Zerboni dennoch Gelegenheit fuchen würde, ihm zu fchaden. Er wandte deshalb alle Mühe an, um ihm jede Gelegenheit zu einer Correspondenz oder zur Entweichung zu benehmen; es wurden ihm alle Mittel zum Schreiben verweigert; die Instruction, die er dem Festungskommandanten gab, gebot nicht allein die strengsten Vorsichtsmaßregeln, sondern schrieb sie sogar speziell vor. So wurde unter Anderm angeordnet, daß beim Austragen des unreinen Eimers jedesmal genau untersucht werden solle, ob auch nicht Erde darin befindlich sei, weil zu beforgen stände, daß der Gefangene einen Fluchtversuch durch das Graben eines unterirdischen Ganges machen und sich der Erde auf solche Weise entledigen könne.*)

Hätte die Untersuchung gegen Zerboni sich nur mit jenem Briefe befaßt, so mußte sie bald beendet und ihr Erfolg ein geringfügiger sein, da das Vergehen nur eine Privatbeleidigung war; zum Unglück für Zerboni aber hatte man unter seinen Papieren einen von ihm fast vergessenen Plan zu einem Bunde gefunden, den er mit einigen Jugendfreunden (darunter ein Herr von Leipziger, Contessa und der bekannte Schriftsteller Feßler) entworfen hatte, der ein Zweig der Freimaurerei sein, den Namen Bund der Evergeten (Gutesthuer) führen und zugleich eine politische Bedeutung haben sollte. Held, auch zum Beitritt aufgefordert, hatte ihn verweigert, weil ihm alle Geheimnißkrämerei verhaßt sei. In's Leben war der Bund nicht getreten; aber auch den Entwurf betrachtete das Gericht als staatsgefährlich und verurtheilte sämmtliche Mitglieder, mit Ausnahme Feßlers, zu mehrjähriger Festungsstrafe. Feßler hatte gerade damals

---

*) Der bekannte Trenk hatte auf diese Art einen beinahe geglückten Fluchtversuch bewerkstelligt; wahrscheinlich hatte H. die Autobiographie desselben gelesen, die zu jener Zeit großes Aufsehen erregte.

seinen Mark Aurel geschrieben, der für eine Lobrede auf Friedrich Wilhelm II. galt. Als nun dem Könige die Verhaftsbe-
fehle gegen die Angeschuldigten vorlagen, strich er eigenhändig
Feßlers Namen aus, so daß er nicht zur Untersuchung gezogen
wurde.

Nachdem die Verurtheilten etwas über ein Jahr ihre Strafzeit abgebüßt, kam Friedrich Wilhelm III. zur Regierung. Da
wurden sie ihrer Haft entlassen, und Zerboni kehrte in seine
Heimath, aber nicht auf seinen Posten zurück.

Für die Sache war durch jenen Brief nichts erreicht,
H. blieb was und wie er war. Zerboni benutzte seine
Freiheit zum Ankauf von Gütern mit erborgtem Gelde und zum
Verfassen eines Werkes, das er unter dem Titel: „Aktenstücke
zur Beurtheilung der Staatsverbrechen des südpreußischen Kriegs-
und Domainenraths Zerboni und seiner Freunde" in Hamburg
erscheinen ließ.

Kurze Zeit darauf wurde er durch Fichte von Berlin aus benach-
richtigt, daß um dieses Buches willen ihm eine neue Criminal-
Untersuchung bevorstehe, die ihn wahrscheinlich ein Jahr auf die
Festung bringen werde. Held war gerade bei ihm zum Besuch,
als diese Hiobspost einlief, die Zerboni ganz außer sich brachte;
er rief: „Nun bin ich für immer unglücklich, denn muß ich mich
von den Gütern trennen, bei denen Alles umgekehrt und Alles
erst im Entstehen ist, so geht Alles zu Grunde, und ich muß
banquerutt machen." Da beschloß Held für den Freund ein-
zutreten, sich den Feinden desselben entgegenzuwerfen, und sie
dadurch todt zu machen, daß er ihre Verschuldungen an die
Oeffentlichkeit zog. Er fühlte sich um so mehr dazu getrieben,
da zu eben der Zeit eine Schrift gegen Zerboni unter dem
Titel, Untersuchung, ob dem Kriegsrath Zerboni zu viel geschehen? herausgekommen war, in der er, Held, heftig angegriffen

wurde. Er reiste nun sogleich nach Posen, verschaffte sich dort durch List und Ueberredung Abschriften aus den Acten, durch welche H. und G. im höchsten Grade bloßgestellt wurden, ordnete sie, versah sie mit Erläuterungen und bitteren Anmerkungen, und gab ihnen den Titel: „Die wahren Jacobiner im preußischen Staate, oder actenmäßige Darstellung der bösen Ränke und betrügerischen Dienstführung zweier preußischen Staatsminister. Die Hauptsache: Jedem Besitzer das Seine und jedem Regierer den Rechtsinn! Das ist zu wünschen, doch ihr! Beides verschafft ihr uns doch nicht. S. die Xenien im Schillerschen Almanach für 1797, 1801. Ueberall und nirgends," und ließ das Ganze heimlich drucken.

Das Buch beginnt mit der Dedikation:

„An des jetztregierenden Königs von Preußen Friedrich Wilhelm III. erhabene und oberstrichterliche Majestät.

Allerdurchlauchtigster, Erhabenster Monarch, Verehrtester und reblichster Oberherr im Staate! Bevor Sie gestatten, daß der Verkauf dieses Buches im Einlande verboten werde, widmen Sie ihm nur eine einzige halbe Stunde, um es Selbst durchzulesen. Denn sein Inhalt ist wahrlich wichtig. Dann urtheilen Sie auch Selbst. Bloß Ihr Urtheil erachten alle Diejenigen für competent, die in Ihnen nicht nur den ersten, sondern auch den reblichsten Mann im Staate sehen, und die Ihr erhabenes Amt und Ihre Person viel zu aufrichtig verehren, als daß sie gegen Beide das verbrecherische und elende Spiel einer ängstlichen und listigen Cabale versuchen könnten, Sie stehen zu hoch, Sie stehen ganz unabhängig im Heiligthum der Gerechtigkeit, als daß parteiische Rücksichten auf Personen im Innern des Staates, die doch immer nur Ihre Diener und Unterthanen sind, Ihr Urtheil bestimmen könnten. Allenfalls können

Sie ja einige andere ehrliche Leute, einen Arnim, Struensee, Menke, Hoff u. s. w., um ihre Meinung befragen.
Aber eigentlich, — daß Ihr eigenes, freies und gerechtes
Urtheil das Schicksal dieser Blätter entscheide, darum bitten
ehrerbietigst und allergehorsamst die Redlichsten Ihrer Diener
und Treuesten Ihrer Unterthanen. (1801)."

Hierauf folgt eine Anrede an die Leser, in welcher der
Verfasser sagt, daß er die nun folgenden Abschriften aus Acten-
stücken in einer Mappe auf der Landstraße gefunden, und die
mit den Worten schließt: „Ob nun solche Acten wirklich existiren
und ob aus ihnen gegen die hier gelieferten Verhandlungen eine
Widerlegung zu entnehmen oder ein Beweis der Verfälschung
zu führen sein möchte, werden die Herren von H. und von
G. wohl am besten wissen. Das Publikum erwartet jenes,
dafern die genannten Herren ihre Ehre zu retten noch einige Lust
fühlen sollten, oder aber es wird, dafern gar keine Widerlegung
erscheint, au die Aechtheit dieser Verhandlungen glauben, und sie
so lange emporhalten vor dem Throne eines Königs, der nur
dann einen Fehlschuß macht, wenn seine ersten Staatsdiener ihn
belügen, eines Königs, der den einzigen Fehler hat, daß er noch
nicht streng genug für die jetzigen lasterhaften Zeiten ist, vor
dem Throne Friedrich Wilhelms des Dritten, der im vorliegen-
den Falle unglaublich dreist und schändlich betrogen wurde, bis
er endlich wird aufmerksam werden und schließen: Diejenigen,
die einen so schlechten Streich ausführen konnten, sind mehrerer
ähnlichen fähig. Berlin, im November 1800, im Anfange des
vierten Regierungsjahres Friedrich Wilhelms des Dritten."

Es folgt nun die den Lesern schon bekannte Mittheilung,
auf welche Weise der Staat in den Besitz der Herrschaft Krotoschin gekommen, und wie dieselbe durch einen Günstling
des Ministers, den T., verwaltet worden. Ueber die Ver-

bindung beider Männer heißt es: „Hier begegnete der Genius oder vielmehr Dämon des T. dem des Ministers H. in Breslau, und sofort stifteten beide Höllengeister zwischen ihren beiderseitigen Schützlingen, die noch bis diesen Tag nicht nur bestehende, sondern durch die gemeinschaftliche Schande auf's engste geknüpfte Freundschaft. T. begann zu gedeihen; er trieb öffentlich einen Contrebande-Handel mit englischem Steingut, Ungarwein u. s. w. aus Krotoschin nach dem nahen Schlesien und nach dessen Hauptstadt. Er wurde reich, wurde wichtig und bekam Freunde. Seine Kühnheit und prompte Bereitwilligkeit zu jedem Geschäft, welches andern Gaunern von gemeinem Schlage etwa noch Bedenken kostet, erwarben ihm in Kurzem das Interesse und die ganze Liebe des schlesischen Satrapen. H. brauchte, besonders nach dem Ableben des großen Friedrich, einen zu allem Bösen vorzüglich aufgelegten und entschlossenen Handlanger, und darum war ihm der vormals unbekannte T. herzlich willkommen, den er zur Belohnung seiner Verdienste und zur Aufmunterung, sich deren noch mehrere zu erwerben, hiernächst kurz hintereinander mit einem Adelsdiplom, einem Titel, einer Forstuniform und einem Stiftskreuz decorirte. Krotoschin wurde das Depot aller Ministerial-Laster, die man in Breslau verbergen wollte, und bei nächtlichen rohen Bachanalien im Schlosse zu Krotoschin hörte man Banditenkehlen die Gesundheit brüllen: „Vivat Brüderchen H.!!!"

Held zeigt nun, wie es beiden Männern, dem Minister sowohl als seinem Schützling, sehr unangenehm war, daß dem letzteren auf Veranlassung des redlichen Ministers Struensee, die Administration der Herrschaft, die etwa siebenzehn bis achtzehntausend Thaler einbrachte, genommen, und sie für jährlich dreißigtausend Thlr. dem Amtmann Fruenson verpachtet wurde. Um das Verhältniß aufzuheben und das vorige wieder herzustellen, wurden allerlei Chikanen angewandt. Der Amtmann Fruenſon wurde durch einen Kammer = Aſſeſſor Neumann aus der Pach= tung ermittirt und durch Drohungen und Gewaltthätigkeiten der von T. aufgehetzten polniſchen Einwohner dahin gebracht, daß er in einem Vergleich auf alle ſeine Anſprüche Verzicht leiſtete, und ſich lediglich der Gnade des Miniſters von H. un= terwarf. Das geſchah, während Krotoſchin noch unter pol= niſcher Herrſchaft war. Als nun der Pächter ſich, nachdem er unter preußiſche Herrſchaft gekommen, klagend gegen die See= handlung wandte, weil er dieſelbe als Verpächterin betrachtete, erwiderte dieſe, daß nicht i h r, ſondern dem Grafen H. die ganze Angelegenheit perſönlich übergeben worden und der Mi= niſter alſo verklagt werden müßte. Zugleich wurde die Regie= rung in Poſen von der Seehandlung erſucht, dem Miniſter An= zeige zu machen, daß dieſe ſich an ihn halten würde, im Fall ihr aus der angedrohten Strafe ein Nachtheil erwüchſe. Als dem Miniſter dieſe Anzeige auf offiziellem Wege gemacht wurde, wies er ſie zurück und erklärte, er würde niemals in dieſer Sache etwas annehmen, ſondern an den König ſchreiben; zugleich ſchrieb er an die Regierung, er fände ihr Verfahren ſo befremdend, daß er ſich genöthigt ſähe, darüber Verhaltungs= befehle vom Könige unmittelbar einzuziehen. Die Regierung er= widerte, ſie habe ſich bei ihrem Verfahren ſtreng an die Vor= ſchriften der Geſetze gehalten, die für ſie allein maßgebend ſein könnten, berichtete aber das Vorgefallene an den Miniſter von Dankelmann*) in Breslau, welcher dem Juſtizweſen in Schleſien vorſtand, und bat um Verhaltungsbefehle. Der Miniſter er= widerte, es käme bei ſolchen gerichtlichen Mittheilungen nur

---

*) Der Vater des obenerwähnten, als Oberlandes-Gerichtspräſident zu Breslau verſtorbenen Grafen Dankelmann.

darauf an, daß die betreffende Partei von der Sache in Kennt=
niß gesetzt sei, dies sei geschehen, so könne es der Regierung
ganz gleichgültig sein, daß der Minister sich weigere, die Mit=
theilungen anzunehmen; denn es müßten alle nachtheiligen Fol=
gen ihn ganz ebenso betreffen, als hätte er sie angenommen.
Gleich darauf wurde der Minister von Dankelmann durch eine
Staffete aus Berlin seines Dienstes plötzlich entlassen, und
da zu gleicher Zeit der bisherige Großkanzler von Carmer wegen
Altersschwäche zurücktrat, an des Letzteren Stelle der bisherige
Kammergerichts=Präsident von G., der Vater des oben erwähn=
ten Präsidenten von G. berufen. Wenige Tage schon nach
seinem Amtsantritt befahl der neue Großkanzler der Posener Re=
gierung, den Prozeß gegen den Minister H. niederzu=
schlagen.

Vergebens versuchte Fruenson, den Minister zu bewegen,
den Befehl zurückzunehmen; es blieb dabei, Fruenson blieb er=
mittirt und T. bekam die Pacht, die er bald an einen Starosten
Gagewski für fünfzigtausend Thaler Abstandsgeld abtrat. Fruen=
son hatte jede Hoffnung aufgegeben, zu seinem Rechte zu ge=
langen, als aber Friedrich Wilhelm III. zur Regierung kam,
wagte er einen neuen Versuch, wandte sich an den König und
erhielt alsbald den Bescheid, daß der König dem Gerichte auf=
gegeben habe, den Prozeß wieder aufzunehmen; zugleich befahl
der König, die Sache möglichst zu beschleunigen. Der Prozeß
wurde von Neuem eingeleitet und war eben auf dem Punkte ent=
schieden zu werden, als er plötzlich ohne alle äußere Veranlassung
dadurch abgebrochen wurde, daß G., wie er in seinem Schreiben
sagt, auf Seiner Königlichen Majestät Allerhöchsten Spezialbe=
fehl, das Gericht aufforderte, sämmtliche Akten unverzüglich mit
nächster Post vollständig an ihn einzusenden.

Die Einsendung der Akten geschah sofort. G. hielt dem

Könige Vortrag und erwirkte durch denselben eine Cabinets-Ordre, in welcher es hieß, daß der König erfahren habe, es stehe mit dem Fruenson'schen Prozesse ganz anders, als ihm derselbe vorgestellt. Fruenson habe auf alle Ansprüche gegen H. Verzicht geleistet, und müsse also die Niederschlagung des Prozesses erfolgen; sei der ꝛc. Fruenson aber, wie er behaupte, von dem Neumann und T. mit List und Drohungen zu jener Verzichtleistung gebracht worden, so würde er dadurch nur zur Klage gegen diese beiden Personen berechtigt sein, und solle ihm darüber das richterliche Gehör nicht versagt, die Klage gegen den Minister H. aber sofort sistirt werden. Damit enden die Auszüge aus den Acten des berüchtigten Prozesses, an deren Schluß Held sagt: So schändlich frech wurde Friedrich Wilhelm der Dritte sogar von dem ersten und obersten Wächter der Gesetze im Staate hintergangen. Er, der von allen jetzt lebenden Königen ganz gewiß den besten Willen besitzt. Jeder Commentar ist überflüssig; die Sache schreit laut genug für sich selbst.

Der Verfasser erzählt nun weiter: Die Sache war mit dieser Cabinetsordre scheinbar todt gemacht, aber nur scheinbar; denn sobald Fruenson gegen Neumann klagte, konnte H. beide nicht im Stich lassen, da sie unter seiner Autorität gehandelt; es durfte nicht zum Prozesse kommen. Er bot deshalb die Hand zum Frieden, der dadurch zu Stande kam, daß er einen Pächter, Namens Galinski, aus einer Königlichen Pacht trieb, in der dieser jährlich zwei und dreißig Tausend vier hundert Thaler gezahlt hatte, während Fruenson sie jetzt für neunundzwanzig Tausend Thaler erhielt. Als dieser bald darauf starb, bekam sein Schwiegersohn die Pacht, und zahlte dem Sohne des Fruenson, der als Justiz-Kommissarius und Bevollmächtigter seines Vaters die ganze Angelegenheit betrieben hatte, achtundzwanzig Tausend Thaler, welche H. aus königlichen Kassen vorschoß, so daß auch dieser Gegner abgefun-

ben und befriedigt war. Um den Galinski aus der Pacht treiben zu können, wurde seine Führung dem Könige als sehr übel
und er selbst als ein Mann geschildert, der zu allen Pachtungen
unfähig sei, so daß der König befahl, er solle die Pachtung nicht
behalten, auch künftig von jeder Pachtung ausgeschlossen sein.
Aber schon wenige Monate darauf wurde dem vertriebenen Pächter eine neue königliche Pachtung angeboten. H. schrieb an
ihn wörtlich: „Es wird nun darauf ankommen, die Aufhebung
des Allerhöchsten Königlichen Verbots, den 2c. Galinski zu keiner Pacht zu admittiren, zu bewirken. Ich werde dabei dem
2c. Galinski nach Möglichkeit das Wort reden und überhaupt
mit allem guten Willen die Hand dazu bieten, um demselben aus
seinem Labyrinth heraus und zu einem bessern Schicksal zu ver-
helfen; nur muß derselbe auch durch Vorsicht und Mä-
ßigung das Seinige dazu beitragen. Breslau den 1.
November 1799. v. H.“

Aber der König, der nach bester Ueberzeugung gehandelt
hatte, war nicht zu bewegen, dem Galinski eine neue Pachtung
zu bewilligen, so oft dieser auch von neuem darum bat; er erhielt zuletzt seine Eingabe zurück, auf derselben stand: Zurückgegeben, da Supplikant ein für allemal beschieden ist. — Da blieb
dem durch jene Vertreibung Verarmten nichts anderes übrig, als
den Minister H. bei der Breslauer Oberamts-Regierung zu
verklagen. Er erhielt darauf den Bescheid, daß dieser Prozeß
nicht zur Cognition der Oberamts-Regierung gehöre, da sich solcher auf Thatsachen originire, welche das Officium des Verklag-
ten betreffen, und daß er daher mit der angemeldeten Klage nicht
bei der Oberamts-Regierung gehört werden könne.

Galinski fragte nun, bei welchem Gericht er den Minister
verklagen könne und erhielt darauf folgenden Bescheid, (die Erlasse
der höchsten Behörden geschahen damals alle im Namen des Kö-

nigs): „Von Gottes Gnaden u. s. w. Auf Eure, wegen Nam-
haftmachung des competenten Gerichtsstandes Unsers Etats-,
Kriegs- und dirigirenden Ministers Grafen von H. anhero ge-
machten Anfrage vom 18. m. pr. laffen Wir Euch hiermit zur
Resolution ertheilen, daß nach einer bei Unserm Justiz-Departe-
ment extrahirten Vorbescheidung, aus den von Euch wider obenerwähnten Unsern Etats-Minister von H. angezeigten Thatsachen
offenbar gar keine Klage stattfindet. Wonach Ihr Euch
zu achten. Sind Euch mit Gnaden gewogen. Gegeben Breslau
den 30. September 1800. Königl. Preuß. Ober-Amts-Regierung."

Held fügt diesem Bescheide folgende Bemerkung hinzu: „Armer Galinski! Possirlich wie Scherasmin fragst du: Wo ist so
einem beizukommen, gegen den, nach Goldbeck's Erklärung, offenbar gar keine Klage stattfindet? So einem Hexenmeister, der
mit seltenem Glücke die schwarze Kunst praktisirt, immer seine
Infamien fremden Händen unterzuschieben und seine Verantwort-
lichkeit zu vertheilen, um seine Vertheidiger zu vermehren. So
einem gegen alles natürliche Ehr- und Pflichtgefühl sich dreist
empörenden unabhängigen Pascha, für den, er mache was er
wolle, kein Gesetz, kein Richter, kein Zuchtmeister zu existiren
scheint? Im grausigen Schauder über solche Vorgänge mag der
davor zurückprallende Entdecker sich kreuzen und segnen und im-
merhin rufen: Alle guten Geister loben Gott den Herrn! Der
Unhold weicht bennoch nicht von hinnen. Und er wird nicht weichen,
er bleibt, dieser stümperhafte und aus Stümperei boshaft gewor-
dene Minister! Ihr Alle, die Ihr seinen Versprechungen trautet
und betrogen wurdet, Ihr Alle, die Ihr durch seine Schuld in
Kummer und Thränen versenkt und für immer rettungslos ab-
gefertigt seid, und Ihr, noch jetzt mit seinen heillos verworrenen,
bald hinter läppischer Menschenfreundlichkeit, bald hinter spanischer
Grandezza versteckten Schwindeleien zu kämpfen habt, endlich Ihr

guten, sanften, arbeitsamen, bei jeder Gelegenheit von Eurem
Landvoigt cujonirten Schlesier! Hofft nicht eher auf eine Be=
freiung von diesem mächtigen Saalbader, als bis der Tod ihn
den Teufeln überliefern, und, indem nur er Euch von ihm be=
freien, auch zugleich an ihm rächen wird."

Das Buch schließt mit folgenden Worten: „Das war das
Ende dieser famösen und verwickelten Geschichte, die beinahe alle
darin verflochtenen Parteien mit Schande überhäuft hat, und die
das beklagenswerthe Loos der Könige auch in unsern Tagen, dicht
um uns her, beweiset. Und warum geschah, woher entstand das
Alles? — Weil der seelenmürbe und gehaltlose H., dessen innere
Schlechtigkeit und Unfähigkeit erst nach dem Todestage des gro=
ßen Friedrich gewissermaßen zum lang verhaltenen Ausbruch kam
und entdeckt wurde, den Willen und Eigennutz des ihn über=
flügelnden T. erfüllen mußte, und G. seinerseits späterhin den
H. darum aus diesem stinkenden Handel zog, weil H. dafür sorgte,
daß dem Sohne des G., einem elenden, läppischen, völlig
verdienstlosen Bengel, die herrlichen, eine Meile von Kalisch ge=
legenen Güter Russow, Dykallow und Klokinie geschenkt wurden.
So leidet ein Staat auf allen Seiten unter den tugendlosen
Gaunerhänden egoistischer und schlechter Verweser; und diese in
ihrer ganzen Nacktheit darzustellen, hat jeder ihrer Mitbürger die
natürliche Befugniß. Mag auch das Herkommen dem bösen
Prinzip in dieser Welt gleichsam das Recht, immer den ersten
Schlag zu thun, eingeräumt haben, so ist dem guten Prinzip
doch wenigstens das Recht zur Nothwehr übrig geblieben, und
ist es erlaubt, das Böse öffentlich zu thun, so muß es auch er=
laubt sein, auf dasselbe öffentlich mit Fingern zu zeigen. Ge=
schrieben im Jahre 1800."

Ein Jugendfreund Held's, Buchhändler Fröhlich in Berlin,
druckte dieses Buch heimlich, für das der Verfasser als Honorar

sich zwölf Freiexemplare geben, diese in einem sächsischen Städt-
chen schwarz binden und mit einem schwarzen Schnitt versehen
ließ; auf dem Rücken stand in Goldschrift: H. und G. Durch
diese Färbung bekam das Buch, statt seines langen unbehülfli-
chen und unbehaltbaren Titels, den „des schwarzen Buches,"
der ihm bis auf den heutigen Tag geblieben ist.

Drei Exemplare desselben schickte Held in den ersten Tagen
des Februar 1801 durch die Post nach Berlin, eins an den König, das zweite an den redlichen Adjutanten desselben, den Oberst
von Köckeritz, das dritte an den Minister Schulenburg, einem per-
sönlichen Gegner des H. Die ganze Auflage wurde nach Leipzig gesandt und sollte von dort aus in alle Welt gehen. Zur
selben Zeit befand sich ein Freund Held's aus Stettin in Berlin; an diesen schrieb er eine namenlose Aufforderung, das Buch
zu kaufen, sobald es erschienen. Der Zettel kam in des Freun-
des Hand, als er eben bei Tische saß; er theilte ihn als eine
Curiosität seinem Wirth, dem Geheimen Rath Begualin mit;
dieser setzte sogleich den eben in Berlin anwesenden Minister
von H. und einen Schwager Goldbeck's davon in Kenntniß,
so daß diese Zeit gewannen, die meisten Exemplare in der Stille
aufzufangen; dennoch war eine kleine Anzahl ihren Bemühungen
entgangen. Je seltener das Buch war, desto größer die Gier
danach; das Aufsehen war enorm, das Gerede in allen Schich-
ten der Gesellschaft ein unaufhörliches. Held wurde verhaftet
und blieb, ehe sein Schicksal entschieden war, Monate lang in
strengem Untersuchungsarrest. Ohne Freunde, ohne Mittel lebte
er eine schwere Zeit. Zerboni, für den er Alles das gewagt,
ließ nichts von sich hören. Zwar schickte er einen kleinen Geld-
betrag, aber nicht aus eigenen Mitteln, sondern aus solchen, die
er im Schuldprozesse für Held's Frau erstritten, mit der dieser
in getrennter Ehe und sehr gespannten Verhältnissen lebte, so

daß aus dieser Geldsendung für ihn die unangenehmsten Folgen
entstanden. Dessen ungeachtet blieb Held ein Held. Er über-
setzte Oden Friedrichs des Großen aus dem Französischen; er
dichtete unter andern ein Gedicht an seinen Gefangenwärter, in
dem folgende Stelle vorkam:

„Wenn doch Manche, die in stolzem Wagen
Bei der Hausvogtei vorüber jagen,
Träfe deines Ochsenziemers Hieb!
Nur die Kleinen, die sich fangen lassen,
Sitzen hier. Die Großen draußen prassen,
Gleich dem reichen Mann, wie Lukas schrieb.“

Er schrieb unter dem Namen „schwarzes Register“ ein Verzeichniß
der in Südpreußen verschenkten Güter, das später in den Feuerbränden abgedruckt wurde; auch eine Schrift unter dem Titel
„über Preußens Vergrößerung im Westen, von Innocenz,“ worin er Preußens Politik hart tadelte; er vertheidigte sich selbst in
einer funfzig Bogen langen Schrift, die freilich nur neue Belei-
digungen für seine Gegner, aber keine Gründe für seine Richter
enthielt, ihn freizusprechen, so daß er endlich zur Cassation und
zu achtzehnmonatlicher Festungsstrafe verurtheilt wurde.

Held wurde nach Colberg abgeführt, und diese Festung absichtlich gewählt, um ihn von jedem litterarischen Verkehr zu trennen; denn ursprünglich war Spandau für ihn bestimmt. Nach
abgebüßter Strafzeit zeigte ihm der Minister Struensee an, daß
der König befohlen habe, ihm jährlich fünfhundert Thaler Warte-
geld auszuzahlen; er solle dabei von Struensee beschäftigt, und
wenn er sich ein Jahr ruhig gehalten habe, wieder angestellt
werden. Er fand darin eine Genugthuung, eine größere
aber darin, daß sein schwarzes Buch nicht ohne Wirkung gewesen. Zwar blieben H. und G. in ihrem Amte; Zerboni
aber, wegen der Veröffentlichung seiner Acten zu einem Jahr

Jahr Festungsstrafe verurtheilt, war vom König völlig begnadigt
worden, und Held glaubte — ob mit Recht oder Unrecht? —
daß der Inhalt jenes Werkes den König dazu vermocht. Die
Freude, die er darüber hatte, konnte ihm selbst dadurch nicht
getrübt werden, daß Zerboni, dem es in jedem Betracht wohl
ging, sich nicht um den alten Freund kümmerte.

Beide hatten eine gewisse gemeinsame Berühmtheit erlangt
durch ihr Märtyrerthum, das der Eine sich durch seinen Brief an
H., der Andere durch sein schwarzes Buch erworben; doch waren
Beide im Aeußern wie im Innern, in ihren Lebenswegen und
in ihrem Lebensende durchaus verschieden. Zerboni war, als ich
ihn kennen lernte, etwa zwei und dreißig Jahr alt, blühend und
rosig wie ein Mädchen, schöne dunkle Locken umschatteten seine
hohe Stirn; blaue, blitzende Augen, eine edle römische Nase, ein
feiner, etwas sinnlicher Mund gaben seinen Zügen einen ungemein anziehenden Ausdruck; seine Stimme konnte flöten in den
süßesten Tönen herzgewinnender Rede und im Affect sich steigern
zum prasselnden Donner. Wenn er im Zirkel der Freunde oder
an der Tafel, ohne irgend zornig zu sein, in Begeisterung gerieth, so mußte die zahlreichste Gesellschaft verstummen, denn keines
Andern Wort blieb vernehmbar, und die Vorübergehenden, selbst
die Nachbarn fragten erschreckt, was da los sei? Sein Brief an
H. giebt eine Andeutung von diesem eigenthümlichen Wechsel
der Empfindung mit der Rede; dennoch war der Verstand und
vor Allem die Neigung zum Besitz bei ihm stärker als das Ge-
müth. Diese Neigung fand die vollste Befriedigung; er ward,
als der König von Sachsen Großherzog von Posen war, säch-
sischer Geheimrath; da die Provinz wieder preußisch wurde, preußischer Oberpräsident; sein Vermögen stieg mit seiner bürgerlichen
Stellung immer höher; er ward reich, sehr reich, aber glücklich
ward er nicht. Der sonst so leidenschaftliche Mann wurde still,

5

trübe, in sich gekehrt. Er schrieb in jedes der damals sehr zahlreichen Stammbücher (auch in das meine) dieselben Worte Schillers:

Des Lebens Mai blüht einmal und nicht wieder!

Es war, als ob zuletzt nur noch ein starkes Gefühl in ihm wohnte, das war nicht etwa die Freude am Gelde, nein, die Sorge, daß er darben würde. So starb er in Reichthum und äußerem Wohlleben, aber doch arm und ohne Freude.

Held hat's nie weiter gebracht als bis zum Salzfactor, eine einträgliche, bequeme, aber sehr untergeordnete Stellung; er hat Wohlleben niemals kennen gelernt; denn bei aller Einfachheit, ja Kargheit seiner Lebensweise, kannte er so wenig eine Oeconomie des Haushalts als eine des Styls, weshalb er eben so sehr mit aller Welt als mit seinen Finanzen brouillirt war. Seine Züge waren schroff, seine Rede hart, sein Blick durchdringend, fast stechend, sein sparsames Haar zeitig grau, sein Scheitel schon kahl, als er noch im blühenden Mannesalter stand. Er war ein ungeschliffener Edelstein, ungeschliffen selbst da, wo er artig bitten wollte. So schrieb er einst dem Geheimen Cabinetsrath Beyme und bat ihn um Hülfe; aber er sagte in dem Bitt= schreiben gleich mit den ersten Worten: „Ich muß Ihnen schrei= ben auf die Gefahr hin, daß Sie mich wieder in ein Gefängniß schicken; mich ängstigt der Gedanke, daß Sie meinen Brief für einen neuen frevelhaften Ausbruch von Bosheit, Neckerei, Recht= haberei und Beleidigungssucht erklären und mir durch irgend eine Form abermals den Charakter eines Verbrechers aufdrängen werden" und nun sagte er Beyme die beleidigendsten Sachen, tadelt seinen Umgang, seine Manieren, seinen Charakter in der schnei= dendsten Weise. Zuletzt droht er mit Selbstmord, wenn ihm nicht die Mittel gewährt würden, seine Schulden zu bezahlen!

— Es ist nicht bekannt, was Behme antwortete, wahrscheinlich gar nichts. —

Held stieß überall an durch seine Art oder vielmehr Unart. In Kalisch schrieb er einst an den Kommandanten, er habe Abends das Thor geschlossen gefunden; aber gegen ein Geschenk von acht Groschen habe es ihm der wachthabende Unteroffizier dennoch geöffnet; er halte es für seine Pflicht, dem Kommandanten anzuzeigen, welche Nichtswürdigkeit unter dem Militär herrsche. Dieser erwiderte: Ew. Wohlgeboren bin ich sehr dankbar für Ihre Anzeige, denn ich ersehe daraus, daß es in jedem Stande Schufte giebt.

Selbst mit seinen Freunden lebte Held auf dem Kriegsfuß. Er sandte an den durch seinen Witz bekannten Justiz-Commissarius Grattnauer in Breslau ein an Napoleon gerichtetes Sendschreiben, worin er den Kaiser folgendermaßen anredet: Du bist nicht einmal ein außerordentlicher Mann, sondern ein ganz gemeiner Heuchler, ein platter Narr, Summa Summarum ein Bösewicht geworden, und worin er weiterhin sagt (und zwar im Jahre 1804!): „Dein selbstsüchtiger Charakter wird Dich an einen öden, wilden Strand treiben und die Wellen der Zeit werden von deinem einst guten Rufe nichts übrig lassen, als das Wrack der Hoffnung, mit welcher die Welt anfangs Deiner Erscheinung jauchzend entgegengesehen."

Dies Sendschreiben war von einem Briefe begleitet, dessen Ton und Inhalt aus der Antwort Grattnauers hervorgeht, in der es unter andern heißt: „Ich bin überzeugt, daß Sie sich, wenn wir uns einmal wiedersehen, alles Ekels, aller Abneigung und alles Schimpfs ungeachtet, den mir Ihr Brief anzuthun die Ehre erzeigt, ganz zuverlässig ein paar Stunden angenehm unterhalten werden," und weiterhin: „Was ich an Ihnen verabscheue, und was jeder wirklich denkende Kopf höchst verächtlich finden muß,

5*

ist der Umstand, daß in Ihnen der willkürlichste, frevelhafteste Tyrann steckt, den es geben kann; mit Inbrunst muß jeder gut=denkende, liebende Mensch Gott bitten, daß er Sie lieber in Ketten schlagen, als zu einem Manne werden läßt, der irgend etwas zu regieren hat.“

Man sieht, die Freunde sagten sich gegenseitig Wahrheiten, die in ihrer Bitterkeit einen merkwürdigen Gegensatz bildeten zu dem brieflichen Austausch von Süßigkeiten, mit denen Gleim und seine Freunde sich kurz zuvor gegenseitig traktirt hatten.

Es war Held's Schicksal oder seine Eigenthümlichkeit, in stetem Kampf zu leben mit den Menschen, mit den Verhältnissen, mit den Behörden, sogar mit den Berliner Gassenjungen. Trotz seiner Geneigtheit zu Empörungen, war er dennoch im höchsten Grade conservativ; so conservirte er auch seine Tracht in eine Zeit hinein, in der sie, außer etwa auf dem Theater im Lust=spiel, nirgend mehr zu sehen war; in Stulpstiefeln, hellen kur=zen Beinkleidern, einem langschößigen, knappen blauen Leibrock, mit Zopf und einem niedrigen Filzhut erregte er, bei der höchsten Sauberkeit, Verwunderung bei den alten, Lachlust bei den jungen Straßenwanderern; von den letzteren folgte ihm immer ein ganzer Schwarm, ohne daß er es zu beachten schien. Einmal aber stellte in einer sehr belebten Gegend ein junger Mann sich vor ihn hin und rief mit lauter Stimme: „Möchte ich doch wissen, wer dieser abgeschmackte Philister ist, der so zum Scandal herum=läuft!“ — Auf diese sehr laut gesprochenen Worte versammelte sich sogleich eine große stets wachsende Menge von lachenden, höhnenden Zuschauern; das Gedränge nahm so zu, daß Held sich in ein Haus zurückziehen mußte, um abzuwarten, bis die Menge sich verlief, aber die verlief sich sobald nicht; viele, die hinzu=kamen, wollten die merkwürdige Person mit eigenen Augen sehen; der Andrang wurde so groß, daß der Verkehr dadurch gehemmt

wurde, die Menge mit polizeilicher Hülfe zerstreut werden und
Held die Dunkelheit abwarten mußte', um heimkehren zu können.
Das verdroß ihn so sehr, daß er in öffentlichen Blättern dem=
jenigen eine Belohnung von fünfzig Dukaten versprach, der ihm
den jungen Mann, welcher den Straßenauflauf verursacht, so
namhaft machte, daß er zur Bestrafung gezogen werden könne.
Am selben Tage noch kam zu Held's Ueberraschung der junge
Mann selbst zu ihm in seine Wohnung, legitimirte sich
als der Student N. und erbat sich die funfzig Dukaten, die ihm
der Beleidigte wirklich zu seinem höchsten Verdruß auszahlen
mußte, während der Beleidiger mit einer leichten Carcerstrafe
davon kam.

So war Held unter stetem Kampf acht und siebenzig Jahr
alt geworden. Am Lebensabend häuften sich Widerwärtigkeiten;
seine Frau (die zweite), mit der er in glücklicher Ehe lebte, litt
an langdauernder Kränklichkeit; sein Garten, der ihm an's Herz
gewachsen war, wurde ihm wegen baulicher Veränderungen ge=
nommen; die Salzkasse wurde um eine bedeutende Summe be=
stohlen, die er ersetzen mußte; seine bisher kräftige Gesundheit,
sein bisher helles Augenlicht nahm ab, — seine Natur war die
eines Schlachtrosses, das Schuß= und Hiebwunden erträgt, aber
außer sich geräth bei wiederholten Sporenhieben und Bremsen=
stichen, — so machte er allen zeitlichen Widerwärtigkeiten ein
traurig Ende durch einen Pistolenschuß. In einem zurückgelasse=
nen Briefe hatte er den König (Friedrich Wilhelm IV.) gebeten,
für seine beiden Söhne zu sorgen. Das that der König in edler
Weise.

Die Mittheilungen über Held und Zerboni weilen länger bei dem
Ersteren. Es ist gerecht bei dem länger zu weilen, der's besser ge=
meint als gehabt.

Die verunglückten Fontainen.

Am dreizehnten Mai des Jahres siebenzehn hundert und acht und vierzig stand Friedrich der Große auf der obersten Terrasse des „Weinbergs," wie damals die Anlagen hießen, die jetzt den Namen Sanssouci führen; denn in den ersten Jahren nannte der König das Schloß und die ganze Anlage immer nur la vigne; nur ein Plätzchen, auf dem der König hatte eine Gruft erbauen lassen, in welcher er einst ruhen wollte, nannte er Sans= souci, weil er dann erst sans souci sein würde, wenn er dort ruhte. Der König hatte für jedes der Schlösser, in denen er ab= wechselnd residirte, eine eigene Bibliothek, deren Bücher mit den Anfangsbuchstaben der Schlösser bezeichnet waren, denen sie zu= gehörten; die Bücher auf Sanssouci sind sämmtlich mit einem V. bezeichnet. Der König hatte eins dieser Bücher in der Hand, schaute aber darüber hinweg in die Ebene zu seinen Füßen, die damals zum größten Theil noch kahl und nur mit wenigen neu angepflanzten Ziersträuchern besetzt war; sein Blick verweilte wie prüfend auf einem und dem andern Punkte. Plötzlich drehte er sich um, ging in das Schlößchen zurück in sein Arbeitszimmer, setzte sich an den Schreibtisch, nahm ein Quartblatt Papier und bemalte dasselbe mit Strichen und Kreisen; aus dem Mittelpunkt der Kreise stiegen Linien in die Höhe, die wie Reiherfedern oder Kometenschweife aussahen. Er vertiefte sich immer mehr in seine

Arbeit und sagte, ohne daß er aufblickte, zu seinem Kammer=
husaren: Baumann soll kommen."

Baumann war Schloßbaumeister und hatte alle Bauten
unter sich, zu denen der König die Gelder aus seiner Chatulle
hergab. Als er in das Zimmer trat, fragte ihn der König:

„Er ist ja wohl ein Holländer?"

„Zu Befehl, Ew. Majestät."

„Dann kann Er auch Fontainen machen?"

„Zu Befehl, Ew. Majestät."

Das Wort: „Zu Befehl!" war gesprochen, ehe es bedacht
war, und wie sehr es auch der Beamte bereute, gleich nachdem
er's gesprochen, wie viel er auch darum gegeben, wenn er es hätte
ungesagt machen können, es war gesprochen und damit des ar=
men Schloßbaumeisters Zukunft entschieden und für den König
eine lange Reihe von Verdrießlichkeiten und eine längere Reihe
von hohen Geldrechnungen herbeigeführt.

Der König bemerkte das verlegene Gesicht des Architekten
nicht, sondern sprach: „Das ist mir lieb, denn ich will unter der
Freitreppe Fontainen anlegen; das Reservoir dazu kann auf den
Höneberg kommen; (der jetzige Ruinenberg) das Wasser kann aus
der Havel genommen werden. Ich habe hier den Plan dazu
aufgezeichnet. (Dieser von Friedrich dem Großen eigenhändig
gezeichnete Entwurf wird heute noch in Sanssouci aufbewahrt.)
Hier oben, rechts und links vom Ausgange, sollen zwei Sprudel=
fontainen zu stehen kommen; unten, gerade vor der Freitreppe,
als point de vue ein großes Bassin mit einer Haupt=Fontaine;
zu beiden Seiten derselben vor den Orangeriehäusern (heut stehen
an der Stelle derselben die Gemälde=Gallerie und das Cavalier=
Gebäude) sollen ein paar Nebenfontainen hinkommen, und dort
weiter links am Abhange eine Muschelgrotte mit Nymphen, die Wasser
aus Krügen in gelippte Becken gießen. Hat er mich verstanden?"

„Zu Befehl, Ew. Majestät."

„Wie schaffen wir aber das Wasser auf den Höneberg?"

„Durch eine Wassermühle*)."

„Gut, mache Er das, aber rasch!"

Da wurde dem armen Baumeister angst; denn er mußte sich gestehen, daß er vom Fontainenbau weder Kenntnisse noch Erfahrungen habe; und in seiner Angst fiel er auf einen Ausweg — den einzigen, der ihm aushelfen konnte in seiner Noth — er sagte: „Bei solcher Arbeit ist unausgesetzte Mitwirkung nöthig, die kann ich wegen meiner übrigen Arbeiten nicht durchführen; ich bitte Ew. Majestät daher um Erlaubniß, einen Fontainenmacher aus Holland verschreiben zu dürfen, der unter meiner Aufsicht arbeitet."

„Gut, laß' Er einen kommen, aber rasch."

Baumann fiel ein Stein vom Herzen. Er schrieb sogleich nach Amsterdam an seinen Bruder; dieser gewann einen Kunstgärtner Heinze, welcher dort schon einige zierliche Fontainen für reiche Kaufleute errichtet und sich dadurch einen Namen gemacht hatte, für das Amt eines Königlich Preußischen Fontainenbauers. Freilich war der Strahl jener Fontainen nicht über vier Fuß hoch gestiegen und das dazu gehörige Wasser durch einen Arbeiter in das Faß gepumpt worden, welches als Reservoir diente; aber Herr Heinze, dem bei seinem Engagement gleich mitgetheilt

---

*) Was man hier zu Lande Wassermühlen nennt, davon hat man in Holland keinen Begriff; denn dergleichen Mühlen können nur da angebracht werden, wo das Wasser ein starkes Gefälle hat; daran fehlt es aber in dem durchaus ebenen Holland völlig. Man kennt dort daher nur Windmühlen und bezeichnet mit dem Namen Wassermühlen solche Mühlen, die zum Wasserschöpfen bestimmt sind, während die andern Mahlmühlen genannt werden.

worden, daß er ein Reservoir auf einem hundert und funfzig
Fuß hohen Berge mit Wasser zu füllen habe, welches ausreichend
sein müsse, um viele großartige Fontainen zu speisen, hatte sich
für diesen Fall vorgesehen. Er besaß die Beschreibung von einer
Maschine, welche ein gewisser Sotton Michols im Jahre siebzehn=
hundert fünfundzwanzig in einem englischen Kohlenbergwerke er=
baut hatte, durch die er die wilden Wasser des Bergwerks fast
zu gleicher Höhe hob und sich dabei als Triebkraft des Dampfes
von kochendem Wasser bediente. Dieser Beschreibung war ein
erläuternder Kupferstich beigegeben; den ließ er sauber copiren,
schrieb darunter Heinze inv. et fecit, und begab sich so ausge=
rüstet nach Potsdam. Hier weigerte er sich entschieden, sowohl
dem Schloßbaumeister Baumann, als dem Hauptmann von Kno=
belsdorf (der damals die Entwürfe zu den Prachtbauten lieferte)
seine Pläne mitzutheilen; er behauptete, im Besitze eines Geheim=
nisses zu sein, das er nur dem Könige anvertrauen könne. Die=
ser befahl, ihn vorzulassen. Heinze war ein ächter Holländer,
breit und plump; im Gegensatze zu den französischen Windbeu=
teln, die der König leicht durchschaute, war er schwerfällig, lang=
sam und voll gravitätischer Ruhe; er trug seine sogenannte Er=
findung mit eben so großer Weitschweifigkeit als Confusion vor;
denn die Idee war ihm selbst wohl nicht klar. Friedrich begriff
nur so viel, daß der Wasserdampf als bewegende Kraft benutzt
werden sollte, erklärte das für eine lächerliche Thorheit, sagte
dem verblüfften Fontainenmacher, er möge sich auf etwas besseres
besinnen; denn mit solch blauem Dunst dürfe man ihm, dem
Könige, nicht kommen.—Nun waren dem Holländer die Wasser=
mühlen seines Vaterlandes recht gut bekannt; aber für ein
solches Genie, wie das seine, war eine solche Anlage viel zu ge=
wöhnlich; er sann daher auf etwas ganz Besonderes. Er ritt
wochenlang meilenweit auf einem Maulthier umher; denn mit

Maulthieren wurden die königlichen Küchenwagen und die königlichen Sänger und Tänzer zwischen Berlin und Potsdam hin
und her befördert. Heinze recognoscirte die Gegend und brachte
endlich als Frucht dieser Recognoscirungen dem Könige einen
Plan, nach welchem in der Gegend der Jungfernhaide, zwischen
Berlin und Spandau belegen, ein Kanal von der Havel bis an
den Fuß des Höneberges geführt und mit dem Wasser des Ka-
nals ein Werk in Bewegung gesetzt werden sollte, welches das
für die Fontainen bestimmte Wasser den Höneberg hinauftriebe.

Friedrich der Große, der durch Felddienstübungen und Ma-
növer genau mit dem Terrain und mit dem niedrigen Wasser-
stande während des Sommers bekannt war, machte den Wasser-
baumeister darauf aufmerksam, und fragte ihn, wo er denn im
Sommer das Wasser hernehmen wolle. Da erwiderte dieser mit
unerschütterlicher Ruhe: „Ja, Ew. Majestät, im Sommer müssen die Fontainen still stehen!"

„Im Winter kann Er sie für sich behalten!" sagte der Kö-
nig und drehte ihm den Rücken. Beim Hinausgehen aus dem
Zimmer sagte er mit umgewandtem Kopfe: „Rede Er mit
Baumann!"

Dazu mußte sich der Fontainenmacher, so schwer es ihm
auch wurde, verstehen, und Beide arbeiteten gemeinschaftlich einen
Plan aus nach der dem Könige hingeworfenen Aeußerung Baumanns, die ja auch damals die königliche Genehmigung erhalten
hatte. Der Plan wurde sauber gezeichnet dem Könige vorgelegt,
von ihm genehmigt und die Gelder dazu angewiesen. Während
Beide mit seiner Ausführung beschäftigt waren, hatte der König
mit Knobelsdorf gemeinschaftlich die Prachtbauten entworfen, von
denen die Fontainen umgeben werden sollten. Auf dem Gipfel
des Höneberges im Rücken von Sanssouci sollte sich dicht am
Reservoir eine mächtige Ruine erheben, welche dem Charakter des

Wassers entsprechend das Amphitheater einer großen Naumachie darstellte; denn Friedrich liebte es, an der Außenseite seiner Bauten, deren Inhalt oder Bestimmung darzustellen. Er ging dabei oft mit großer Naivität zu Werke. So stehen auf dem Portal zum Stall der königlichen Wagenpferde in mehr als Lebensgröße, aus Stein gemeißelt, Reitknecht und Kutscher in Livree, mit Zopf und Perrücke, wie sie Decken ausklopfen, Lederzeug bürsten und dergleichen. Im Giebelfelde des damaligen Schulhauses, jetzigen Pfarrhauses an der Nikolaikirche, sitzt ein Candidat, erkennbar an den Bäffchen; ein Kind liegt ihm auf den Knieen, dessen Hembchen aufgehoben ist, und dessen Füße von einem anderen Kinde festgehalten werden, während der Candidat mit hochgeschwungener Ruthe auf den entblößten Theil loshaut.

Bei dem Bau auf dem Höneberge, der nur ein Prospect von Sanssouci aus gewähren sollte, blieben alle Ornamente fort, da sie in solcher Entfernung nicht erkennbar gewesen wären, dagegen erhielt der Berg an der Vorderseite einen großartigen Schmuck durch einige mächtige dorische Säulen, an die eine umgestürzte sich anlehnt, und die einen imponirenden Eindruck machen, heute gewiß mehr als in den Tagen ihrer Anlage; denn der Zahn der Zeit hat sie benagt und sie in wirkliche Ruinen verwandelt. Man erkennt Knobelsdorfs Genius in dieser Schöpfung und kann nur bedauern, daß der Italiener Bellavita, der auf des Königs Befehl diese Schöpfung verschönern sollte, eine zierliche, oben offene Miniatur-Rotunde und eine lächerlich kleine Pyramide hinzugefügt hat. Zum Glück zerfällt die Letztere immer mehr, während die erstere wenigstens einmal im Jahre einen interessanten Anblick gewährt, wenn zur Feier der Schlacht bei Leipzig ein großes Feuer in derselben flammt. Außer diesem Bau ließ der König den sogenannten Rehgarten in der Haupt-

Allee, die nach dem, — damals noch nicht vorhandenen — neuen
Palais führt, da wo jetzt zwei Halbkreise von dunklen Tannen
stehen, eine Colonade von Marmor erbauen, die gleichfalls nach
Knobelsdorfs Plänen, zwei Hauptzirkel eines Säulenganges bil=
deten. Er bestand aus sechszehn Säulen, zwischen denen blei=
erne, vergoldete Figuren sich erhoben. Von all den Herrlich=
keiten ist keine Spur mehr vorhanden; die Bleifiguren oxidirten
und waren bald so zerfressen, daß sie zu gräulichen Ungestalten
wurden und als altes Blei verkauft werden mußten; die Säu=
lenhalle wurde unter Friedrich Wilhelm II. abgebrochen und der
Marmor zum Schmuck eines Lustschlosses verwandt, das sich
der König in einem von ihm angelegten Garten erbaute; jener
führt den Namen „neuer Garten," das Schloß den Namen „Mar=
mor=Palais." Dagegen finden sich noch heut die Werke der
Skulptur, die Friedrich der Große theils von Ludwig dem Funf=
zehnten zum Geschenk bekommen, theils von französischen Bild=
hauern meißeln ließ, und die innerhalb der Terrasse im Kreise
die Hauptfontaine umstehen; ebenso ist die nach Knobelsdorf's
Zeichnungen erbaute Neptunsgrotte erhalten, die in der Nähe
des Vorgartens der Gemäldegallerie sich befindet. Alle diese
Werke ließ der große König errichten, in der Zuversicht, daß sie
bald von sprühenden Wasserstrahlen belebt werden würden. Es
wurde auch in der That rüstig an der Ausführung der Fon=
tainen gearbeitet und Friedrich gab ganz gegen seine Gewohn=
heit die bedeutenden Geldsummen her, welche die Bauführer
forderten.

Die Wassermühle wurde erbaut, wo heut der Eingang nach
dem Charlottenhof von der Victoriastraße her stattfindet, ein noch
heut bestehender Canal, Schaafgraben genannt, wurde von diesem
Bau nach der Havel geführt, um ein heut nicht mehr vorhan=
denes Reservoir mit dem Wasser derselben zu füllen; durch sechs

Pumpen sollte dies Wasser in ungefähr vier Zoll weiten Röhren
nach dem Höneberge getrieben werden. Zu diesen Röhren wur=
den — was heut jedem Architekten, ja jedem Brunnenmacher un=
glaublich scheinen mag, und was den völligen Mangel an Er=
fahrung der beiden Fontainenmacher bezeugt — Faßdauben ange=
wandt, die mit eisernen Reifen und Zwingen zusammengehalten
wurden, oder richtiger, zusammengehalten werden sollten. Es
waren dazu aus den königlichen Forsten 800 mächtige Kiefer=
stämme angefahren, in Bohlen geschnitten und, nachdem sie noth=
dürftig getrocknet, im folgenden Jahre unter Aufsicht eines eigens
dazu aus Holland verschriebenen Zimmermeisters, Namens Adrian
von Ouden, zu Röhren in der gegebenen Art verarbeitet, die
Röhren in einander gesteckt, mit Werg und Pech gedichtet, und
durch dieselben ein achttausend Fuß langer Röhrenzug nach dem
Reservoir auf dem Gipfel des Hönebergs geführt worden. Auch
die Mühle war vollendet; ein Müller Bährend wurde bei der=
selben mit dem Titel „Kunstmeister" angestellt; Herr Heinze be=
kam den Titel: „Königlicher Fontainier und Grottier." Das
Pumpwerk wurde in Gang gebracht und arbeitete Tag und
Nacht; aber vergeblich sah man im Reservoir dem Eintritt des
Wassers entgegen; es blieb trocken; dagegen wurde das Erdreich,
das der Richtung des Röhrenzuges zunächst lag, immer nasser,
und als man dadurch aufmerksam gemacht, den Röhrenstrang
aufdeckte, fand sich, daß der Druck des Wassers die Röhren zer=
sprengt, ehe dasselbe noch den sechsten Theil des ihm zugedachten
Weges zurückgelegt hatte.

Jetzt sagte man sich — und konnte nicht begreifen, daß man
sich das nicht schon von Anfang an gesagt — daß Faßdauben
nicht im Stande wären, einem solchen Druck Widerstand zu
leisten; man mußte dem Könige den Unfall anzeigen und ihn
um andere zahlreichere Stämme aus den Königlichen Forsten

bitten, um durch gebohrte Röhren das Reservoir zu füllen. Der König bewilligte Alles, trieb aber zur Eile; denn schon waren fast drei Jahre seit dem Beginn des Unternehmens vergangen; die großartigen Anlagen standen bereit, die Wasserströme in sich aufzunehmen und wieder von sich zu geben. Der König führte seine Gäste umher; aber die Gäste mußten mit ihrer Phantasie den noch immer mangelnden Hauptschmuck derselben ersetzen.

Nachdem wiederum ein Jahr vergangen, war der Röhrenstrang von gebohrten Röhren gelegt. Man hatte, um den Luftdruck zu verringern und den Erfolg zu sichern, fünf Venteusen (Windkessel) mit großen Kosten angebracht, und dazu neunundzwanzig und einen halben Centner Kupfer verwandt. Die Pumpen wurden von Neuem in Gang gebracht. Niemand zweifelte an der ersehnten Ankunft des Wassers auf dem Höneberge, aber zum Schrecken der Fontainenmacher blieb es auch diesmal aus. Freilich hatte es über die Hälfte seines Weges glücklich zurückgelegt, dann aber die Röhren so vollständig gesprengt, daß jede Hoffnung aufgegeben werden mußte, auf diesem Wege zum Ziele zu kommen. Es blieb nun den niedergeschlagenen Baumeistern nichts Anderes übrig, als dem Könige zu berichten, daß sie sich in ihren Annahmen geirrt hätten, daß keine hölzernen Röhren, sondern nur solche von Gußeisen dem ihnen zugemutheten Druck zu widerstehen vermöchten; die letzteren aber könnten hier zu Lande nicht angefertigt werden, vielmehr müßte man sie im Harz bestellen, woselbst sich die nächsten Eisengießereien befänden.

Vier Jahre hatte der König mit bewundernswürdiger Geduld ruhig ausgehalten, jetzt brach der verhaltene Groll hervor, aber er machte sich auf humoristische Weise Luft. Er ließ in aller Stille zwei Bilder anfertigen, auf deren jedem ein mit Oelfarbe gemalter Esel stand, darunter die Worte: „Holländischer Fontainenmacher.“ Ueber diese Oelbilder wurde mit leicht abzu-

6

waschender Wasserfarbe die Kunstmühle gemalt, so daß der nächste
Regen das obere Gemälde abwaschen und die Esel mit ihrer
Unterschrift zum Vorschein bringen mußte; diese Bilder ließ er
über die Thüren der Häuser befestigen, welche Heinze und Bau=
mann bewohnten. Wie geheim aber auch die Sache betrieben
war, Beide erfuhren davon; Baumann ging tiefsinnig umher,
Heinze verfiel in ein Nervenfieber und phantasirte unaufhörlich
von der Schande, die ihm bevorstand. Da wagten die Frauen
und Kinder beider einen Fußfall bei dem Könige, umklammerten
seine Kniee und baten für ihre Gatten und Versorger. So ernst
hatte der König sich wohl die Folgen nicht gedacht; er befahl,
daß die Bilder weggenommen würden, doch verlor Baumann
seine Stelle und bekam eine geringere als Landbaumeister; Heinze
starb, ehe noch sein Schicksal entschieden war.

Das Verunglücken der Fontainen wurde öffentliches Ge=
spräch; die großartigen Bauten, die vergebens ihres Hauptschmucks
harrten, standen vor Aller Augen da; Reisende trugen die Kunde
des Mißlingens nach allen Ländern und verbreiteten die Ansicht,
daß der sein Glück machen könne, der im Stande sei, den Lieb=
lingswunsch des Königs zu erfüllen und Leben in die todten
Massen zu bringen. Es ist ungewiß, ob angelockt durch diese
Kunde, ein gewisser van Osten, der sich unter dem Namen eines
Wasserbaumeisters bei dem Könige melden ließ und sichere Aus=
führung der Wasserwerke versprach, sich wirklich dazu befähigt
glaubte, oder ob er nur täuschen und einen unredlichen Gewinn
ziehen wollte. Der König vertraute ihm und gab ihm zwölf=
tausend Thaler zur Anschaffung von eisernen Röhren, deren er
wirklich einige, neun Zoll im Durchmesser stark, aus dem Harze
verschrieb. Seine vollständige Unwissenheit und Rathlosigkeit
trat aber bald so sehr an den Tag, daß er entlassen wurde, ehe er
noch eigentlich seine Arbeit begonnen hatte. Erst nach seiner

Entlassung ermittelte man, daß er kein hamburger Wasserbau=
meister, sondern ein broloser Brunnenmacher aus Utrecht war.

Der König wandte sich nun an den Hessen-Kassel'schen
Ministerresidenten Waitz, den er als einen wissenschaftlich gebil=
deten und in den mechanischen Künsten erfahrenen Mann schätzte,
mit dem Gesuch, ihm einen Sachverständigen zu empfehlen, wo=
rauf dieser ihm den Rothgießer George empfahl, einen ehrlichen,
in seinem Fache tüchtigen Handwerker, der aber von Hydraulik
nichts verstand. Auf dessen Rath wurde eine zweite Mühle dicht
am Fuße des Höneberges in der Nähe des Bornstädter Teiches,
der heut eine anmuthige Parthie dieses königlichen Chatouillen=
gutes bildet, angelegt, weil er meinte, daß eine Mühle nur sehr
schwer und jedenfalls zu langsam das nöthige Wasser bis auf
den Gipfel des Berges schaffen könne. Schon die Wahl dieses
Platzes für eine Wind=Wasser=Mühle, bezeugte, daß George
kein Sachverständiger war; an Wasser fehlte es zwar nicht, aber
wohl an Wind; der das Wasser heben sollte, die Mühle lag
tief im Grunde, umgeben von Busch und Berg, die der Luft
überall den freien Zugang wehrten. Dennoch zeigte George
schon im sechsten Monat seines Berufes an, er wolle eine Probe
geben und die Hauptfontaine springen lassen; Se. Majestät möch=
ten den Tag allergnädigst selbst bestimmen. George hatte nämlich
bemerkt, daß durch einen ungewöhnlich starken Schneefall sich
etwas Wasser im Reservoir des Höneberges gesammelt hatte,
er ließ nun den Schnee, der ringsum ellenhoch lag, zusammen=
schaufeln und in das Reservoir werfen, und vermehrte dadurch
das in demselben befindliche Wasser, um dem König eine Probe
von der Wirksamkeit der Hauptfontaine zu zeigen.

Sechs Jahre lang hatte der König große Rechnungen be=
zahlen und viel Verdruß ertragen müssen, ohne irgend einen Er=
folg zu erlangen; jetzt endlich sollte er das Ziel seiner Wünsche

6*

erreicht sehen; Wie ungünstig auch die Witterung war, er
bestimmte schon den folgenden Tag zur Probe. Es war am
Charfreitag des Jahres 1754. Regen und Schnee wurden vom
Sturm durch die Luft gejagt; dazwischen fielen große Hagelkör=
ner, aber des Königs Verlangen war stärker als der Sturm.
Er kam vom Potsdamer Stadtschloß her, wo er in der Regel
des Winters residirte, nach dem Eingang des Gartens am Obe=
lisk geritten, stieg dort ab und ging zu Fuße, nur vom Mar=
quis d'Argens und dem Grafen Gotter begleitet, nach dem
Rande des Bassins, stellte sich an demselben auf und winkte,
zum Zeichen, daß der Strahl sich erheben solle. Unverwandt
richteten der König und seine Umgebungen den Blick auf
die Mündung des Rohrs in der Mitte des Bassins, aber
kein Wasserstrahl erhob sich; der Sturm peitschte dem Könige
große Tropfen und Hagelkörner in's Gesicht; er verzog keine
Miene. Alles stand in ängstlicher Spannung — da plötzlich
schoß ein kurzer Strahl aus der Röhre; er senkte sich, ein zweiter,
höherer folgte, der sich weniger tief senkte; ein dritter, ein vierter
folgten, die sich gar nicht mehr senkten. Immer höher stieg der
Strahl, trotz des Sturmes, der ihn beugte, wohl gegen vierzig
Fuß hoch. Keiner hatte den Muth, seine Ueberraschung, seine
Freude auszudrücken, denn des Königs Mienen blieben unver=
ändert. Auf seinen Stock gestützt, sah er unverwandt zum Strahl
hinauf. Der Sturm nahm zu, Schnee und Regen fielen dichter;
die Herren waren schon ganz durchnäßt; auch der König mußte
es sein; denn Alle waren ohne Mäntel, die zu der Zeit nur von
Husaren getragen wurden. Vergebens hofften die Herren, der
König würde das einförmige Schauspiel, mehr noch das abscheu=
liche Wetter satt bekommen; doch getraute sich Keiner, seine Hoff=
nungen, seine Wünsche merken zu lassen; nur Herr George ver=
mochte es nicht, sie für sich zu behalten; wenn er es auch nicht

wagte, ihnen Worte zu geben, drückte er doch durch Mienen, durch Gesten aus, der König würde sich erkälten; sie möchten doch den König darauf aufmerksam machen. Die Herren thaten, als bemerkten sie seine Bemühungen nicht; der König aber schien nichts zu beachten, was um ihn her vorging, sein Blick hatte sich auch nicht einen Augenblick vom Wasserstrahl abgewandt.

Mit einem Mal ward er niedriger, von Secunde zu Secunde niedriger und hörte dann plötzlich ganz auf.

„Was ist das?" fragte der König. — Keine Antwort. — „Warum hört der Strahl auf?" fragte er zu George gewandt. Kleinlaut erwiderte der: „Majestät, das Wasser ist abgelaufen." „Schon?" fragte der König. „Wann kann der Strahl wieder steigen?" „Das hängt vom lieben Gott ab, wenn der uns viel Regen und Schnee giebt; denn — den Kunstmühlen traue ich nicht recht."

Der König wandte sich ab, ohne etwas zu erwidern, ging nach dem Ausgange des Parks, bestieg sein Pferd und ritt mit den Herren nach dem Schlosse zurück, ohne das Vorgefallene mit einer Silbe zu erwähnen. Als er heimgekommen war, schrieb er an Voltaire ein Epigramm, worin er sich lustig darüber machte, daß die Souveraine sich im Besitz des Dreizacks dünkten, mit dem sie die Wogen des Krieges ebenen könnten, während sie das Wasser nicht zu zwingen vermöchten, bergan zu steigen. George erhielt seine Entlassung in Gnaden. Während eines halben Jahres war von den Fontainen nicht die Rede; die Arbeiten daran ruhten gänzlich; es war Niemand da, der sie betrieb, auch kein Geld dazu angewiesen. Die Umgebungen des Königs glaubten, er habe, durch so viele unangenehme Erfahrungen, die ganze Idee aufgegeben. Da ließ sich im Herbst des Jahres 1754 ein Stücklieutenant Sr. Churfürstlichen Gnaden von Mainz, Valentin Pfannenstiel, beim Könige melden, und als er nach seinem

Begehr gefragt wurde, erwiderte er, daß er im Besitze eines
großen Geheimnisses sei, durch welches er, wenn ihm der Fon=
tainenbau ausschließlich übertragen würde, bisher noch nie Da=
gewesenes leisten könne, das Geheimniß sei aber von solcher
Wichtigkeit, daß er es Niemandem anvertrauen könne, als dem
Könige selbst.

Dieser mußte ein großes Verlangen tragen, seinen Lieb=
lingswunsch endlich verwirklicht zu sehen; denn er, sonst ebenso
scharfsichtig als mißtrauisch, ließ sich zum dritten Male täuschen.
Er forderte zwar anfänglich die beiden Baumeister Hildebrandt
und Büring auf, sich gutachtlich über die Pläne des Stücklieu=
tenants zu äußern; Beide aber, abgeschreckt durch Baumanns
Schicksal, erklärten, daß sie vom Fontainenbau keine Kenntniß
hätten und daher außer Stande wären, dem Königlichen Befehle
nachzukommen. So unterzog sich denn der König selbst der
Prüfung des ihm vorgelegten Planes. Sie mußte zu seiner Zu=
friedenheit ausgefallen sein; denn er ernannte den Valentin
Pfannenstiel zum Königlichen Wasserkunstdirektor und befahl ihm,
sich in Verbindung mit dem Geheimen Kämmerer Fredersdorf
zu setzen. Im Publikum wird der Geheim=Kämmerer häufig mit
dem Oberst=Kämmerer verwechselt, und doch stehen beide Chargen
in einem größeren Abstande von einander, als Wachtmeister und
Oberst=Wachmeister; der Oberst=Kämmerer hat dem Range nach
die höchste Stelle im Staate inne, während der Geheim=Käm=
merer nichts ist, als derjenige Bediente des Königs, der dessen
persönliche Ausgaben besorgt. Fast immer sind die sogenannten
Geheim=Kämmerer Menschen ohne alle Schulbildung; sie haben
ihre Laufbahn in der Regel als Leibjäger und Lakaien, ja selbst
als Stalljunge angetreten und gehören zum Hofgesinde, wenn
auch ihr naher Verkehr mit dem Herrscher ihnen oft einen be=
deutenden Einfluß und beträchtliche Vortheile gewährt. So war

auch jener Fredersdorf einst Pfeifer bei der Regimentsmusik zu Rheinsberg gewesen, woselbst der König als Kronprinz residirte und Gefallen an dem hübschen Menschen fand. Er hatte ihn erst zum Lakaien, dann zum Kammerdiener gemacht und ihm bei seinem Regierungsantritt den Posten eines Geheim=Kämmerers übertragen. Fredersdorf war ein beschränkter Kopf, aber der König hatte eine besondere Vorliebe für ihn, denn er war zuverlässig und wußte sich in die Eigenheiten seines Gebieters zu finden. Als in der Schlacht von Sorr die Kroaten sich in das preußische Lager geschlichen und des Königs ganze Garderobe geplündert hatten, schrieb dieser eigenhändig an Fredersdorf nach Potsdam, schickte ihm ein Verzeichniß der Sachen, die er ihm zum Ersatz der verlorenen senden sollte, und beklagte sich über einige Dummheiten, die Fredersdorf's Stellvertreter begangen, und sagte: „Wenn Du hier gewesen wärest, so wäre das nicht geschehen." Fredersdorf, der nie glauben wollte, daß die Schlacht bei Sorr gewonnen worden (denn wie konnte das eine gewonnene Schlacht sein, in welcher der König seine Garderobe verlor) bezog jene Aeußerung auf den Verlust der Schlacht und blieb dabei, daß der König gemeint habe, wenn er, Fredersdorf, mit seiner militärischen Erfahrung bei ihm gewesen wäre, wäre die Schlacht nicht verloren worden! — Wie treu er aber auch dem König diente, er glaubte nicht die gleiche Verpflichtung gegen den Wasserkunstdirektor zu haben, ließ sich vielmehr durch einen Verwandten, den Bau=Conducteur Manger,*) bewegen, diesem unter dem Gelöbniß tiefster Verschwiegenheit Einblick zu gewähren in die Pläne des Fontainenmachers, und namentlich in das

---

*) Derselbe, der später die Baugeschichte Potsdam's und eine Anleitung zum Landbau schrieb, die zu ihrer Zeit große Anerkennung und eine fast europäische Verbreitung fand.

wichtige Geheimniß, das keinem Andern als dem König anver=
traut werden sollte. Mancher erschrak; eine solche Unwissenheit,
ja Albernheit, hatte er nicht für möglich gehalten. Das Geheim=
niß bestand in nichts Anderem, als in der unsinnigen Be=
hauptung, daß man das Wasser dadurch leichter auf einen Berg
brächte, wenn man es dahin bringen könne, daß es die Hälfte
des Weges bergab laufe; man müsse deshalb die Röhren der=
gestalt legen, daß sie abwechselnd auf= und abstiegen; dann würde
durch den Druck seines Falles das Wasser von selbst in die
Höhe gestoßen und dadurch die Arbeit der Mühlen fast auf Null
reducirt werden!

Aber der König hatte den Bau genehmigt, der König ver=
traute dem Charlatan; so hielten es Beide für gerathen, sich
gar nicht in die Angelegenheit zu mischen, sondern ihre Ent=
deckung für sich zu behalten. Dennoch konnte der treue Freders=
dorf es nicht über sein Herz bringen, daß so viel schönes Geld
weggeworfen werden sollte; er bat den König, dem Geheimrath
Waitz, zu dem derselbe großes Vertrauen hatte, den Plan des
neuen Directors mitzutheilen. Das geschah. War Waitz aber
zu sehr Hofmann, um dem Könige zu sagen, daß er sich von
einem völlig Unwissenden habe hintergehen lassen, oder wußte er
selbst nicht, was jetzt der Tertianer weiß, daß das Wasser sich
immer nur wieder ins Niveau setzt, sich also nicht selbst hebt —
er äußerte nur Bedenken gegen das Gelingen des Pfannen=
stiel'schen Planes, ohne seine Unhaltbarkeit, ja Albernheit dar=
zuthun. Doch theilte Friedrich des Ministers Bedenken dem
Director mit; dieser aber setzte sich auf's hohe Pferd und spielte
den Beleidigten; er beschuldigte den Minister der gröbsten Un=
wissenheit, und erklärte, er würde sich mit dem ganzen Werke
gar nicht befassen, wenn ihm nicht zugesagt würde, daß kein An=
derer, wer es auch sei, dazwischen reden oder sich in seine An=

ordnungen mischen dürfe; auch müsse ihm, ohne jede Einschrän=
kung gestattet sein, Werkführer und Arbeiter ganz nach Belieben
anzustellen und zu entlassen; und endlich müßten alle von ihm
für das Werk geforderten Gelder am Ende jeder Woche ausge=
zahlt werden. —

Als ihm das Alles genehmigt wurde, stellte er sogleich eine
große Anzahl von Aufsehern und Gehülfen aller Art an. Das
Erste, was er that, bestand darin, daß er die vorhandenen blei=
ernen Röhren einschmelzen und andere gießen ließ, die sich von
den Eingeschmolzenen in nichts unterschieden; sodann ließ er die
Eingangsthüre der Windmühle, welche das Wasser in die Röhren
treiben sollte; mit einem prächtigen Portal versehen, dessen Sims
von dorischen Säulen getragen wurde, zu diesen Säulen führte
eine breite Treppe in geschweifter Form und bildete mit dem
antiken Portikus, und dieser mit der Windmühle, welche das
Wasser in die Röhren treiben sollte, selbst einen lächerlichen
Contrast. Dann erbaute er ein Gerüst, in welchem die im
Zickzack aufsteigenden Röhren aufgehängt wurden, diese Röhren
ließ er mit einem großen Aufwand von Zeit und Geld glänzend
poliren und diese Arbeit stets von neuem wiederholen, da das
Blei, welches jedem Witterungswechsel ausgesetzt war, in ganz
kurzer Zeit stets von Neuem blind wurde. So arbeitete er zwei
Jahre lang ungestört weiter. Der König blieb seinem Ver=
sprechen treu und gestattete sich keine Einrede. Von seiner Um=
gebung hatte Keiner den Muth, ihn auf das thörichte Treiben
des Wasserkunst=Directors aufmerksam zu machen; auch hatte der
König seinen Kopf so voll von den Sorgen und Arbeiten, welche
ihm das von allen Seiten heranziehende Gewitter des sieben=
jährigen Krieges verursachte, daß er, namentlich im letzten Jahre,
wohl kaum an die Fontainen dachte. Als der Krieg ausbrach
und alle disponiblen Gelder in Anspruch nahm, hörten die Zah=

lungen an Pfannenstiel auf. Seine dringenden Gesuche blieben unbeantwortet; Niemand kümmerte sich um ihn und die Fontainen; er gerieth dadurch in drückende Noth und veräußerte, von Mangel getrieben, erst die Metallvorräthe und sodann alle irgend verkäuflichen Gegenstände des Werks, seine schöne, gemiethete Wohnung gab er auf und bezog die Kunstmühle mit dem prächtigen Portal. In derselben wohnte er noch einige Jahre, selbst während des Winters, in Mangel und Elend, und endete endlich, characteristisch genug für ihn, sein Leben in einer Windmühle.

Erst nach seinem Tode ermittelte man, daß er nie Stücklieutenant gewesen, sondern ein verarmter Kupferschmied aus Mainz war, der sich in allerlei abenteuerlichen Unternehmungen versucht und dadurch sein Vermögen verloren hatte. Nach seinem Tode gingen die Werke immer rascher ihrem Verfall entgegen; von den bleiernen Röhren war bald keine Spur mehr zu sehen, die hölzernen Gerüste fielen zusammen; was davon nicht gestohlen wurde, verfaulte am Boden.

Endlich gab der Hubertsburger Frieden dem Könige seine friedlichen Beschäftigungen wieder. Mit dem Aufbau des neuen Palais in Potsdam begann er die Reihe der Prachtbauten und wurde dadurch gemahnt, den auf dem Wege dahin befindlichen Anlagen ihren Hauptschmuck durch die endliche Vollendung der projektirten Wasserkünste zu gewähren. Er mochte noch nicht vergessen haben, daß der Geheimrath Waitz versucht hatte, ihn vor Pfannenstiel's Aufschneidereien zu warnen und wandte sich deshalb von Neuem an ihn mit der Bitte, ihm einen Plan zu entwerfen, wie die Fontainen zum Ziele geführt werden könnten. Waitz gab den Rath, einen neuen Versuch mit den beiden Kunstmühlen zu machen; die Arbeit derselben aber dergestalt zu theilen, daß die ältere das Wasser nach dem Höneberge triebe, die neuere aber nur zur Füllung eines kleinen Reservoirs verwendet würde, welche die Nebenfontainen speiste. Die genauere Projectirung und die Anfertigung der Anschläge, um welche der König ihn gleichfalls ersuchte, lehnte er ab unter dem Vorgeben, daß er mit den hier zu Lande üblichen Preisen und Arbeitslöhnen nicht genau genug bekannt sei.

Baumann's Nachfolger erhielt nun zum zweiten Male den Auftrag, diese Arbeit zu übernehmen, entzog sich ihr aber auch jetzt wieder mit der Erklärung, daß es ihm an den dazu nöthigen Kenntnissen fehle; dagegen reichte sein College Hildebrandt unaufgefordert einen Anschlag ein, der sich auf dreitausend vierhundert Thaler belief. Die Geringfügigkeit der geforderten Summe machte den König mißtrauisch gegen den ganzen Plan; er ließ sich nicht darauf ein, sondern wandte sich an Waitz mit dem Gesuch, ihm einen Architecten für diese Arbeit vorzuschlagen. Der brachte den Bau-Conducteur Manger in Vorschlag, dieser hatte nicht den Muth, die ihm angetragene Aufgabe abzulehnen, aber eben so wenig Neigung, sie durchzuführen; er kannte des Königs Sparsamkeit und hoffte, daß ein solcher Anschlag denselben bewegen würde, die ganze Ausführung fallen zu lassen; er forderte also ein hundert und zwanzig tausend Thaler. Was er gehofft, das geschah; der König sagte: „Das ist verteufelt viel Geld!" und legte den Plan bei Seite.

Der Fontainenbau blieb nun wieder liegen; die Kunstmühlen verfielen immer mehr; selbst die Verschalungen der Kanäle verfaulten. Endlich, nachdem siebenzehn Jahr vergangen waren, ohne daß irgend Jemand den Muth gehabt hätte, den König an diese verdrießliche Angelegenheit zu erinnern, wandte sich das Bau-Comptoir am siebenten September 1780 an den König, mit der Anfrage, ob er befehle, daß die Mühlen, die einer Haupt-Reparatur bedürften, wenn sie nicht ganz und gar zu Grunde

gehen sollten, in Stand gesetzt würden, und ob er die dazu nöthi=
gen Gelder anweisen wolle. Schon am Tage darauf er=
folgte nachstehende Antwort:

„J. K. M. v. Pr. lassen dem Bau=Comptoir auf dessen An=
zeige vom siebenten dieses, wegen der nöthigen Reparatur der
Fontainen=Mühle und des daneben stehenden Gebäudes hier=
durch zu erkennen geben, daß Höchstdieselben nicht gesonnen sind,
das repariren zu lassen. Es ist zwar mal im Werke gewesen,
da eine Wasserkunst anzulegen; nachdem sie aber die Idee
längst fahren lassen, wollen sie auch nichts weiter daran
repariren lassen; vielmehr, und wenn noch Sachen daran sind,
die noch zu gebrauchen stehen, so können solche, ehe sie verderben,
bestmöglichst verkauft werden; wonach das Bau=Comptoir sich zu
richten hat.“

Potsdam, den achten September 1780.

Friedrich.

Des Königs Wille wurde rasch durchgeführt. Es war, als
wollten die Baubeamten ihn und sich von dem Anblick der Reste
des verunglückten Unternehmens und von den dazu erzeugten
widrigen Gefühlen, so schnell als möglich befreien — in kurzer
Zeit war keine Spur mehr von den Baulichkeiten der beiden
Kunstmühlen zu sehen.

Es wird behauptet, Friedrich der Große habe alle Rech=
nungen vernichten lassen, welche über die Baukosten des Neuen
Palais vorhanden waren, damit die Nachwelt nicht erfahren
solle, welche Summen er auf diesen Prachtbau verwendet habe.
So unwahrscheinlich diese Behauptung auch ist, so fehlt doch
jede Uebersicht der auf jenen Bau verwendeten Kosten. Wenn
der große König die eigentlich viel näher liegende Absicht gehabt
hat, den Kostenbetrag für die verunglückten Fontainen geheim zu
halten, so ist ihm diese Absicht vollständig mißglückt; der vorge=

nannte Bau=Conducteur Manger hat in seiner Baugeschichte
Potsdam's diese Baukosten auf Groschen und Pfennige ange=
geben. Nach dieser Angabe betragen sie 399,368 Thlr. 15 Sgr.
7 Pf.

Von dem was mit so enormen Kosten (nach jetzigem Geld=
werth über eine Million Thaler) geschaffen wurde, ist heute
nichts mehr vorhanden als die Neptunsgrotte, die 32,538 Thlr.
16 Sgr 1 Pf. gekostet und die genau nach den ursprünglichen
Plänen von Friedrich Wilhelm IV. wieder hergestellt wurde; nur
die bleiernen, vergoldeten Tritonen, von denen der Zahn der
Zeit keine Spur übrig gelassen hatte, wurden als gar zu ge=
schmacklos nicht erneuert. Zu gleicher Zeit mit dieser Herstellung,
beinahe ein Jahrhundert später, als Friedrich der Große den
Plan entwarf, Sanssouci mit Fontainen zu verschönern, nahm
Friedrich Wilhelm IV. diesen Plan wieder auf und zwar mit
mehr Glück als sein großer Vorfahr. Im Frühjahr 1841 be=
gann der Bau und schon anderthalb Jahre später sprangen die
Hauptfontainen am Fuß der Freitreppe und die beiden Sprudel=
fontainen auf dem Plateau vor dem Schlosse von Sanssouci.
Sie entsprachen und entsprechen heut noch mit allen seitdem dazu
gekommenen Wasserkünsten den an dieselben gestellten Anforde=
rungen. Merkwürdiger Weise werden sie durch die Kraft ge=
trieben, deren Anwendung der große König als ein thörichtes Hirn=
gespinnst verwarf — durch die Kraft des Dampfes.

Colonie Königswille.

———

Im letzten Decennium seiner Regierung reiste Friedrich der Große nach Schlesien zur Revue. Er sandte, wie gewöhnlich, einen Feldjäger voraus, der ihm Quartier machte. Als dieser nach dem Dorfe Göhren bei Sommerfeld kam, um in der dortigen Predigerwohnung für den König Quartier zu machen, fand er die Wohnung versiegelt. Der Prediger war gestorben, ohne eine Ehegattin oder majorenne Kinder zu hinterlassen; es war deshalb der Nachlaß vom Gericht unter Siegel gelegt worden. Der Feldjäger, gewohnt den Befehl seines Königlichen Herrn unbedingt auszuführen, war eben im Begriff, die Siegel abzureißen und Besitz von der Wohnung zu nehmen, als der Gutsherr, Baron von Blomberg,*) dazu kam und als Gerichtsherr, sowie als Polizeiobrigkeit Protest gegen dies gewaltsame, durch die Gesetze mit harter Strafe verpönte Verfahren einlegte, und als dies nicht wirkte, sich mit seinem Jäger vor die versiegelte Thür hinstellte und erklärte, er würde der Gewalt Gewalt entgegensetzen, und der Feldjäger möge versuchen, wer der Stärkere sei. Zugleich ließ er den Wirthschafter rufen, gab ihm in Gegenwart des Feldjägers den Befehl, sogleich nach der nächsten Poststation zu jagen, dort Extrapost zu nehmen, beim König, der sich in Frankfurt an der Oder befand, um Audienz zu bitten und sich über dies gewaltsame Verfahren zu beschweren. Das wirkte. Der Feldjäger bat, die Absendung des Boten zu unter=

---

*) Baron von Blomberg war mütterlicher Seits der Großvater des Verfassers.

laſſen; er werde die Siegel nicht verletzen, obgleich er nun nicht
wiſſe, wo er Quartier für den König machen ſolle.

Der Gutsbeſitzer ſtellte ſein ganzes Haus zur Verfügung.
Darauf erwiderte Jener nicht ohne einige Verlegenheit, der König
habe ihm zur Pflicht gemacht, nicht bei den Edelleuten, ſondern
bei Predigern Quartier zu machen; dieſen letzteren gebe der
König jedesmal für die Aufnahme vierzig Friedrichsd'or; dadurch
ſeien ſie reichlich belohnt und erlaubten ſich nicht, noch irgend
eine Gnade für ihre Bemühungen zu erbitten; den Edelleuten
könne er kein Geld geben, und dieſe verlangten allerlei Gunſt
und Gnade, die ihm unbequemer und koſtſpieliger wären, als ein
Geldgeſchenk, und dabei glaubten ſie doch noch, daß ſie dem
Könige einen beſonderen Dienſt geleiſtet hätten. Als der Gutsbeſitzer verſicherte, daß er ſich überreich belohnt fühle durch die
Ehre, Seiner Majeſtät auch nur den kleinſten Dienſt geleiſtet zu
haben, daß er keinen Wunſch irgend einer Art hege, er auch den
König ſchon deshalb nie um eine Gunſt bitten werde, damit es
nicht das Anſehen habe, als verlange er für die große Freude,
die ihm der hohe Gaſt durch ſeinen Beſuch bereitet, auch noch
eine Vergütigung — war der Feldjäger zwar beruhigt, doch war
er immer noch in Sorge, daß der König ungehalten ſein könne,
daß das Nachtquartier nicht, wie befohlen, beim Prediger ſtattfinde.

Als ihm entgegnet wurde, daß der König es erfahren ſolle,
wie der Feldjäger alles Mögliche gethan, um des Königs Befehl
durchzuſetzen, und nur mit Gewalt verhindert worden ſei, das
Predigerhaus in Beſitz zu nehmen, bat er bringend, den König
nichts davon wiſſen zu laſſen, daß er hätte die Siegel des Ge-
richts verletzen wollen, weil Seine Majeſtät ſonſt gewiß ſehr
ungehalten auf ihn ſein würden. Er zeigte überall große Be-
ſorgniß vor dem Mißfallen des Monarchen und gab zu ver-
ſtehen, daß es ungemein ſchwer ſei, es demſelben recht zu machen,

so daß der Gutsbesitzer und mehr noch dessen Familie mit eini=
ger Aengstlichkeit dem hohen Besuche entgegen sahen.

Auf Befragen, ob denn irgend etwas zum Empfange ge=
schehen dürfe, und was für die Bequemlichkeit und Küche zu thun
sei, erwiderte der Feldjäger, daß jede Art von Empfangsfeier=
lichkeiten unterbleiben müsse, daß der mitgebrachte Küchenmeister
alles für die Tafel Nöthige bei sich führe, und das Einzige, was
daher von Seiten des Gutsbesitzers geschehen könne, bestehe da=
rin, daß viel Knoblauch vorräthig gehalten würde, weil davon
stets eine große Menge für die Königliche Küche verbraucht
würde; und der Küchenmeister gern frischen Knoblauch fände;
sonst wäre schönes Obst das Einzige, was der König zuweilen
annähme, doch möchte auch dies hier lieber unterbleiben; denn in
der Regel glaube der König, man präsentirte es ihm nur, um
etwas dafür zu haben, und er nehme es daher nur von solchen
an, denen er schon viel geschenkt, wo er also das Obst als ein
Gegengeschenk ansehen könne, für dessen Annahme er keine Ver=
pflichtung auf sich lade. So habe er früher immer beim Um=
spannen in Kamenz Obst angenommen. Das aber wäre uner=
läßlich, daß von Elsenholz ein tüchtiges Kaminfeuer in dem
Schlafzimmer des Königs unterhalten werde. Auf die verwun=
derte Frage, ob bei der jetzigen warmen, fast schwülen Witterung
das Zimmer dadurch nicht zu heiß würde, erwiderte der Feld=
jäger, Seine Majestät ließen, ohne Rücksicht auf die Jahreszeit das
ganze Jahr hindurch auch in Allerhöchst Ihren Schlössern täg=
lich Kaminfeuer im Schlafzimmer unterhalten, weil sie der Mei=
nung wären, daß dadurch reine Luft erzeugt würde, und dies
der Gesundheit sehr zuträglich sei.

Auf die Frage, ob der König jetzt kein Obst mehr in Ka=
menz annähme, erwiderte der Feldjäger mit einem Kopfschütteln:
„Der König läßt nicht mehr in Kamenz umspannen.“ Die Er=

7 *

widerung geschah aber in so eigenthümlicher Art, daß man so=
gleich erkennen konnte, es habe damit eine besondere Bewandtniß.

Der Feldjäger gab dies zu und erzählte nach einigen Bitten
den Zusammenhang. Der frühere Probst des Klosters hatte dem
Könige bekanntlich einst einen großen Dienst erwiesen. Er hatte
ihn als König, der sich beim Recognosciren zu weit gewagt und
beinahe von Panduren gefangen genommen wäre, in eine Mönchs=
kutte gesteckt, war mit ihm in die Kirche gegangen und hatte dort
mit ihm und sämmtlichen Mönchen sich um den Hochaltar ge=
stellt und die Messe gelesen. Als die Panduren in die Kirche
traten und dort die Geistlichen erblickten, beugten sie sich andachts=
voll und verließen die Kirche; dadurch wurde der König gerettet, sein
Adjutant dagegen gefangen. Zur Erinnerung daran wurde die
Erzählung dieser Begebenheit in eine broncene Tafel eingegraben,
und dieselbe in der Nähe des Altars eingefügt, wo sie heut noch
zu sehen ist. Seitdem beehrte der König den Probst oft mit
Geschenken, z. B. mit einem Service aus der Berliner Porzel=
lanfabrik, mit schönen Weinen, auch mit Obst aus den Treibe=
reien von Sanssouci und nahm auf der Durchreise immer
Erfrischungen von ihm an.

Als der Probst gestorben war, und dessen Nachfolger beim
Umspannen an den Wagen des Königs trat, fragte derselbe huld=
voll, ob er einen Wunsch für das Kloster habe. Der Probst,
ein ungebildeter Mensch, war in dem Augenblicke so bestürzt,
daß er sich auf nichts besinnen konnte; da fiel ihm plötzlich ein,
daß dem Kloster so eben ein Baßsänger aus dem Sängerchor
gestorben war, und er bat, Majestät möchten geruhen, dem
Kloster einen Baßsänger zu schenken, den sie hier nicht aufzutreiben
wüßten. Der König sah ihn auf diese wunderliche Bitte einen
Augenblick scharf an und sagte dann: „Gut, ich werd' es notiren
und Euch einen aus Neustadt an der Dosse schicken.

Dort hatte der König ein Gestüt von Mauleseln angelegt.
Das wußte aber der guten Probst nicht; er glaubte, das sei eine
Sängerschule für die neu errichtete Oper. Da nun jeder, der
in's Kloster tritt, seinen weltlichen Namen aufgiebt und zu Ehren
eines Schutzheiligen einen geistlichen Namen bekommt, nach dem
er fortan genannt wird, so wollte der glückliche Probst dem
Könige eine besondere Ehre für die so schnell gewährte Bitte er=
weisen und erwiderte mit einer tiefen Verbeugung: „Im Namen
des Klosters sprech' ich meinen ehrfurchtsvollen Dank aus, der
Sänger soll zur ewigen, dankbaren Erinnerung Friedericus
secundus (Friedrich der Zweite) heißen!" Da rief der König,
ohne ihm zu antworten, rasch dem Kutscher zu: „Fahr zu!"
drückte sich in die Ecke des Wagens und sagte nach einer Weile
zu dem Fürsten von Hohenlohe, der neben ihm saß: „Sehen
Sie, mein lieber Vetter, das hat man von solchen mauvaises
plaisanteries."

Der gute Probst aber mag lange sehnsüchtig auf den Sän=
ger gewartet haben, bis er sich wohl bei dem Gedanken beruhigte,
die Sache sei vergessen. Erfahren hat er wohl nie, welchen
Bock er geschossen. Der König aber ließ von der Zeit an nicht
mehr in Kamenz halten, sondern in einem Dorfe umspannen,
das eine halbe Meile weiter entfernt ist.

Am selben Tage langte der König in Göhren an mit einem
Reisewagen, der mit Extrapostpferden und mit einem Gefolge
von fünf Wagen, deren jeder mit sechs Bauernpferden bespannt
war. Der Reisestallmeister des Königs war dem Gutsbesitzer
aus früherer Zeit her bekannt, er machte ihn auf den Reisewagen
aufmerksam, der ein sehr alterthümliches Ansehen hatte, und er=
zählte, daß der Wagen seit beinahe vierzig Jahren seine Dienste
thue, daß er auf allen Reisen bei den schlechtesten Wegen be=

nutzt werde, und daß er demungeachtet noch nicht die geringsten
Reparaturkosten verursacht habe. Als Herr von Blomberg, da=
rüber verwundert, ihn in genaueren Augenschein nahm und
eine Schraube bemerkte, die erst in neuester Zeit angesetzt sein
konnte, lächelte der Stallmeister und sagte: „Es ist gut, daß
der König sich nicht die Sache so genau ansieht, wie Sie."
Auf die Frage, wie er das meine, theilte jener mit, daß der
König glaube, wenn ein Wagen gut gebaut sei, dürfe nichts
daran entzwei gehen; man halte zwei Wagen, die sich vollkom=
men gleich sähen, und die, sobald daran etwas entzwei ginge,
so reparirt würden, daß nichts von der Reparatur zu sehen sei.

Der Wagen hing in starken Riemen; der Kasten war blau
angestrichen, das Königliche Wappen auf dem Wagenschlag; in=
wendig war er mit gelbem Plüsch ausgeschlagen; das Gestell
war roth angestrichen, der Plüsch war verschossen, aber sonst so
gut im Stande, daß Herr von Blomberg fragte, wie es möglich
sei, daß er vierzig Jahre lang gehalten. Der Stallmeister er=
widerte, daß der Bezug schon zweimal völlig erneuert worden sei,
daß man für solche Erneuerung aber das Zeug so lange der
Luft, der Nässe und der Sonne aussetze, bis es ebenso verschossen
aussehe als das alte, an dessen Stelle es treten solle, so daß
die Erneuerung niemals sichtbar werde; der König bemerke daher
niemals etwas davon und glaube nun, daß an seinem Wagen
nie etwas schadhaft würde, und lache seine Königlichen Ver=
wandten aus, daß sie sich betrügen ließen, wenn sie für Repa=
raturen etwas bezahlen müßten, bei ihm dürften gar keine Repa=
raturen vorkommen.

Auf die Frage, wer denn nun die vorkommenden Aus=
besserungen bezahle, erwiderte der Stallmeister, daß bei dem
Contract mit dem Hofsattler demselben zur Bedingung gemacht
worden, er müsse die Königlichen Reisewagen unentgeldlich so im

Stande halten, daß nie eine Erneuerung sichtbar sei, dagegen sei ihm gestattet, die anderen Arbeiten etwas höher in Ansatz zu bringen.

Ebenso wenig, als für Reparaturen an seinem Wagen, wollte der König Geld hergeben für seine Leibwäsche; die Schwestern des Königs, die das wußten, sorgten daher für dies Bedürfniß, ohne daß es der König erfahre; vielmehr glaube er, seine Leib= wäsche, die er trage, sei noch dieselbe, die er als Kronprinz ge= tragen *).

Die älteste schon erwachsene Tochter des Gutsbesitzers (die Mutter vom Schreiber dieser Zeilen) nahm ein besonderes Inter= esse an den Speisen, die für den König zubereitet wurden, und der Küchenmeister, den das Interesse für seine Kunst erfreute, gestattete ihr, der Zubereitung beizuwohnen. Die Suppe bestand aus sehr kräftiger Bouillon, in welche ein gehäufter Eßlöffel voll fein gestoßenem Cayenne=Pfeffer, Muskatblüthe und Ingwer ge= mischt wurde; sodann folgte ein boeuf à la Russienne, d. h. Rindfleisch in Madeira gedampft, zu dem aber eine Tasse voll vom stärksten Franzbranntwein gegossen wurde; dann gab es eine Polenta, halb aus türkischem Weizen, halb aus geriebenen Par= mesankäse bereitet; dazu wurden drei Eßlöffel ausgepreßten Knob= lauchsaftes gethan, und das Ganze so lange in Butter geröstet, bis sich eine harte braune Kruste gebildet hatte; zuletzt folgte eine große eingemachte Seespinne. Da der König allein speiste,

---

*) Als Friedrich der Große starb, fand sich, daß das Hemde (das beste aus seinem Nachlaß), so zerrissen war, daß man ihn nicht darin öffentlich ausstellen konnte. Da gab der Leibjäger sein eigenes dazu her. Das, welches der König als Leiche eine kurze Zeit angehabt, kam später in Besitz des Amtsraths Hubert, eines Schwiegervaters meines Onkels, des Baron von Blomberg auf Liebthal, und wurde von ihm wie eine Reliquie in einer kleinen Pyramide bewahrt.

so durfte man voraussetzen, daß er das verzehrt hatte, was an den Speisen fehlte, die man aus seinem Speisezimmer wieder herausbrachte; danach zu urtheilen, hatte der König dreimal mehr zu sich genommen, als ein gewöhnlicher Mensch verzehrt; von der Polenta war fast nichts übrig geblieben.

Herr von Blomberg war an dem andern Morgen schon in aller Frühe in vollem Anzuge, denn er hatte gehört, daß der König zuweilen seinen Wirth rufen ließ, um über dies und jenes Auskunft zu erhalten, und wirklich kam um halb sechs Uhr früh schon der Befehl, vor dem Könige zu erscheinen. Als er in des Königs Zimmer trat, ging dieser auf und ab, ließ sich nicht stören, und setzte seinen Gang noch einige Minuten fort; dann trat er plötzlich auf Herrn von Blomberg zu und fragte: „Wie viel Rindvieh haben die Bauern hier?" Der Gefragte zögerte einen Augenblick, um die Zahlen zu summiren. Da sagte der König: „Wenn Er es nicht weiß, so sage Er's offen; nur keine Robomontaden!" Herr von Blomberg erwiderte: „Ich bitte, daß Eure Majestät mir einen Augenblick Zeit lassen, damit ich die Summe ziehen kann." „Nehm' Er sich Zeit!" sagte der König und ging wieder auf und ab. Als Herr von Blomberg die Summe genannt hatte, sagte der König: „Das ist wenig!" und jener erwiderte: „Allerdings könnten die Leute viel mehr Vieh halten, wenn sie die Stallfütterung einführen wollten." Der König erwiderte: „Das ist nichts mit der Stallfütterung; wo sollen die Leute das Futter hernehmen, wenn sie das Vieh nicht auf die Weide treiben?" Herr von Blomberg setzte dem Könige auseinander, wie der Dünger dem Lande durch das Austreiben des Viehes verloren ginge, und die Leute durch stärkere Düngung und Anbau von Futterkräutern mehr Futter erzeugen könnten. „Setze Er ihnen das auseinander und gehe Er ihnen mit gutem Beispiele voran!" sagte der König. „Das würde ich gern," erwiderte der Gutsbesitzer, „aber die Aecker der Leute und meine Aecker liegen im Gemenge; sie, wie ich, müssen es sich gefallen lassen, daß zu einer festgesetzten Zeit das Vieh über die Stoppeln treibt; so würden alle Futteranlagen verwüstet werden."

„Warum werden denn die Aecker nicht zusammengelegt?" fragte der König. „Viel Köpfe, viel Sinne!" erwiderte der Gutsherr, „die Leute sind gegen alle Neuerung eingenommen und sehr mißtrauisch, sie würden glauben, ich suche einen Vortheil." Da werden sie wohl Recht haben, die armen Bauern werden immer geschunden, Er wird auch keine Ausnahme machen." „Darüber ziemt mir kein Urtheil, darüber können meine Bauern am Besten urtheilen."

Der König sah Herrn von Blomberg scharf an, schwieg einen Augenblick still, sagte dann plötzlich: „Serviteur!" und drehte sich um. Sobald der Gutsbesitzer ihn verlassen hatte, schickte der König in's Dorf und ließ den Schulzen und die Gerichtsleute kommen, that viele Fragen an sie und hörte von ihnen, ohne sich direct darnach zu erkundigen, daß der Gutsherr sehr gut gegen die Bauern gesinnt sei.

Nachdem der König die Bauern entlassen hatte, wurde jener von Neuem zu ihm befohlen. Der König sagte: „Laß Er anspannen, ich werde mir mit ihm das Land besehen." Beide fuhren nun drei und eine halbe Stunde lang durch Feld, Wald und Wiese umher. Herr von Blomberg machte den König aufmerksam auf die vielen Raine (unbeackerte Landstriche), welche auf den Feldern die Aecker der verschiedenen Eigenthümer von einander trennten, auf die Verzettelung von Kraft, Zeit und Dünger, die dadurch entstand, daß die Ackerstücke desselben Besitzers oft halbe Stunden weit von einander getrennt lagen, auf die dadurch bedingte Nothwendigkeit, über den Acker des Nachbars fahren zu müssen, um auf den eigenen gelangen zu können, auf die Uebelstände, welche das allgemeine Behüten der Felder hervorbrachte, und wies auf die Vortheile hin, die [durch das Verfahren entständen, welches heut zu Tage Separiren genannt wird, und welches in diesem Jahrhundert in vielen Ländern, im Preußischen fast in allen Provinzen, seit langer Zeit schon durchgeführt ist.

Der König hörte dies ruhig mit an, machte selten einen Einwurf, that aber zuweilen eine landwirthschaftliche Frage, die von genauer Bekanntschaft mit der Sache zeugte, die aber ganz außer dem oben genannten Gegenstande lag, so daß man wohl erkannte, er wolle sich überzeugen, ob der Gefragte Bescheid wisse. War die Antwort nach seiner Ansicht richtig, so sagte er jedesmal mit sichtbarer Befriedigung: „Das ist recht!" Einmal fragte er, auf die Pferde vom Wagen zeigend: „Wo hat er die Pferde gekauft?" und auf die Antwort, daß die Pferde nicht gekauft, sondern auf dem Gute gezogen wären, sagte der König: „Zieht er Pferde zum Verkauf?" „Nein, Ew. Majestät, nur was ich davon zur Wirthschaft gebrauche!" „Daran thut Er recht; unsere Gegenden hier taugen nicht zur Pferdezucht, halte Er Kühe, das ist besser. Braucht Er die Pferde auch zum Pflügen?" „In der Regel pflüge ich mit Ochsen, nur im Nothfalle nehme ich die Pferde zur Hülfe." „Warum pflügt Er nicht mit Kühen?" „Weil sie alsdann weniger Milch geben." „Aber doch mehr als die Ochsen."

Darauf war nichts zu erwidern, oder doch nur eine längere Auseinandersetzung, die Herr von Blomberg sich nicht erlauben wollte, er schwieg also. Bald darauf kamen sie an eine Haide von Kienenholz, das einen verkümmerten Wuchs zeigte. Der König fragte: „Wem gehört das?" „Leider mir!" erwiderte Herr von Blomberg. „Er hat recht, daß Er sagt leider, das ist ein

miserabler Anblick; warum läßt Er das nicht abholzen und mit
Kienäpfeln besäen?" „Die Bauern haben das Recht, in dieser
Haide zu hüten; da beißt das Vieh die Wipfel der jungen Bäume
ab, und so verkümmern sie; das Säen würde also nichts helfen."
„Weiß Er denn, wie die Kienäpfel gesäet werden müssen?"
„Vom Morgen gegen Abend, Ew. Majestät." „Weshalb denn?"
„Weil vom Morgen die meisten Stürme kommen." „Das ist
recht!" sagte der König mit Befriedigung, wo weiß Er das her?"
„Ich habe auf meinem Gute viel Waldung, da habe ich es für
meine Pflicht gehalten, mich etwas mit der Forstwirthschaft ver=
traut zu machen. Wenn ich aber diesen Fleck Haide vom Weide=
servitut befreien könnte, würde ich ihn doch nicht mit Kienäpfeln
besäen." „Was würde Er damit machen?" „Ich würde es zu
Ackerland machen und eine Colonie darauf anlegen." „Warum
eine Colonie?" „Es ist zu entfernt von meinem Gute, als daß
es sich vortheilhaft von da aus bewirthschaften ließe; auch fehlt's
hier an Arbeitskräften." „Alles will Colonien anlegen, und ich
soll das Geld dazu hergeben; aber daraus wird nichts, non
habeo pecuniam." „Wenn ich eine Colonie anlegte, würde ich
mir von Ew. Majestät nicht einen Groschen dazu erbitten, son=
dern nur die Vergünstigung, daß die Colonisten zehn Jahre vom
Militairdienst und von Abgaben freiblieben, damit sie Lust be=
kommen, sich niederzulassen." „Das ist mir schon recht; ich will
von ihnen nichts haben, wenn sie nur von mir nichts haben
wollen. Womit will Er aber die Bauern entschädigen, wenn
die ihr Vieh nicht mehr in der Haide hüten dürfen?" „Ich
wollte jedem ein Stück Wiese geben, das ihm doppelt so viel
Futter eintrüge, als er durch die Weide hatte." „Wer soll das
taxiren?" „Die Leute sollen das selbst abschätzen." Der König
schwieg. Auch auf dem Rückwege sprach er kein Wort; selbst
wenn Herr von Blomberg sich erlaubte, ihn auf etwas aufmerksam

zu machen, erwiderte er nichts, so daß jener darin eine Weisung
erkannte, auch zu schweigen. So kamen Beide auf dem Schloß-
hofe an. Der König ging, von Herrn von Blomberg begleitet, nach seinem Zimmer; an der Thür desselben sagte er
„Serviteur!" und deutete damit an, daß der Begleiter entlassen sei.

Diesem war nicht ganz wohl zu Muthe; er glaubte, durch
irgend etwas das Mißfallen des Königs erregt zu haben und
theilte seine Besorgniß dem Stallmeister mit. Der ließ sich das
Vorgefallene erzählen und meinte, der König litte oft an Gicht-
schmerzen in den Zehen, er klagte nicht darüber, wenn sie aber
recht heftig würden, dann würde er verdrießlich und schweigsam,
und seine Umgebungen wüßten dann schon, daß sie auch ganz
still sein müßten; in diesem Falle aber glaube er, daß der König,
der mit den zunehmenden Jahren immer mißtrauischer werde,
verdrießlich darüber sei, daß er nicht beim Prediger eingekehrt,
der mit den vierzig Friedrichd'ors vollständig bezahlt sei, sondern
beim Edelmann, der für die Aufnahme etwas haben wolle, und
er am Ende Ansprüche auf pecuniäre Unterstützung zu der Ausführung des besprochenen Agraplans haben wolle. Er rathe ihm
deshalb, nicht wieder davon anzufangen, sondern abzuwarten, ob
der König auf den Gegenstand zurückkomme; geschehe das nicht,
so sei daraus abzunehmen, daß er entschieden dagegen sei.

Herr von Blomberg befolgte den Rath; er glaubte bemerkt
zu haben, daß der König ein sehr lebhaftes Interesse für seinen
Plan gezeigt, und so hoffte er denn von Minute zu Minute,
daß ihn der Monarch zu sich bescheiden würde, aber vergeblich.
Schon waren alle Vorkehrungen zur Weiterreise getroffen, die
Wagen standen angespannt vor der Thür, da wurde er zum
Könige befohlen. Er eilte hin; der König sagte sehr gnädig:
„Sein Plan wegen der Zusammenlegung der Aecker hat mir

sehr wohl gefallen; Er scheint mir der Mann dazu, ihn durch=
zuführen. Geld kann ich Ihm nicht geben für die Molesten,
die Ihm meine Aufnahme verursacht hat; aber weil ich Ihm
obligirt bin, so will ich Ihm zum Dank die Ausführung über=
tragen; schick' Er mir den Plan dazu ein, ich will Ihm plein
pouvoir geben." Herr von Blomberg war auf's Aeußerste über=
rascht; er fand nicht gleich Worte; der König fügte seinen Wor=
ten hinzu: „Aber mit Geld kann ich Ihm nicht helfen, denn ich
bin arm, wie eine Kirchenmaus; und sorge er davor, daß die
Bauern nicht mit Klagen zu mir kommen wegen Bedrückung,
sonst werde ich Ihn davor ansehen." Herr von Blomberg sagte:
„Ew. Majestät meinen, daß keine begründete Klagen kommen,
denn Klagen werden gewiß kommen." Da sah ihn der König
mit einem scharfen Blicke an und sprach: „Da Er so genau
weiß, was ich meine, so richte Er sich darnach! Serviteur!"
Damit ging der König nach dem Wagen, stieg ein und fuhr ab.

Herr v. Blomberg machte sich nun sogleich an's Werk. Ohne
den Bauern von seinem eigentlichen Plane etwas mitzutheilen,
sagte er ihnen nur, daß der König wissen wollte, welchen Ertrag
ihre und des Gutsherrn Aecker, Wiesen und Hütungen lieferten,
und welche Bodengüte sie hätten; sie möchten deshalb einen
Taxator aus ihrer Mitte wählen; auch er würde einen stellen,
und sie wollten dann gemeinschaftlich einen unpartheiischen Ob=
mann wählen, der, wenn die beiden Taxatoren uneins wären,
den Ausschlag gäbe. Die Bauern äußerten sich darüber, daß
sie ihren Schulzen dazu ernannten, Herr von Blomberg ernannte
seinen Inspector, einen alten, erfahrenen Landwirth; zum Ob=
mann schlugen die Bauern einen Ziegeleibesitzer aus der Nach=
barschaft vor, der früher lange Gutspächter gewesen, und der
sehr geschickt im Kuriren des Viehes war. Da er Herrn von
Blomberg als streng rechtlicher Mann bekannt war, so erklärte

er sich mit der Wahl einverstanden. Die Bauern zerbrachen sich
den Kopf darüber, welchem Zwecke diese Abschätzung dienen sollte;
aber keiner, ebenso wenig einer der Taxatoren, erfuhr den wahren
Grund. Es wurde nun die Ertragsfähigkeit des Bodens, sowie
der Futterwerth der Hütungsberechtigungen taxirt. Da eine
Karte von der Feldflur des Dorfes schon in früheren Jahren
angefertigt war auf Kosten des Gutsherrn, und beim ganzen
Geschäft nach sehr einfachen Grundsätzen verfahren wurde (man
nahm nur drei Bodenklassen an), so ging Alles rasch von Statten,
daß Herr von Blomberg schon nach einigen Monaten den Plan
zur Zusammenlegung der Aecker und zur Ablösung der Weide-
berechtigung dem König einsenden konnte.

Es währte einige Monate, ehe ein Bescheid einlief. Der
König hatte, wie Herr von Blomberg später erfuhr, den Plan
einigen erfahrenen Männern zur Beurtheilung eingesandt; sie
hatten sämmtlich ihr Urtheil dahin abgegeben, daß die Ausführung ein großer Gewinn für die Bewirthschaftung der Ländereien
sein würde; alle hatten die Bemerkung dabei gemacht, daß der
Länderaustausch sehr zum Nachtheil des Gutsbesitzers eingerichtet sei.

Das war allerdings der Fall. Herr von Blomberg war
wohlhabend; er besaß außer Göhren noch das Majorat Serge-
miten in Kurland und suchte eine Ehre darin, seine Idee durchgeführt zu sehen; er hoffte, durch freiwillige Opfer, die er brachte,
jeder Klage zu begegnen; er hoffte, daß der glückliche Erfolg der
hier zum ersten Male versuchten Zusammenlegung der Aecker
dahin führen würde; dieselbe auch auf andern Dörfern auszuführen; er sah sich im Geiste als Schöpfer einer neuen Aera in
der Landwirthschaft an, und fand darin eine so große Befriedigung, daß ihm jedes Opfer dagegen geringfügig erschien.

Sobald er im Besitz der königlichen Genehmigung war, die

nicht allein den Plan billigte, sondern ihm die Ausführung desselben vollständig übertrug, schritt er sogleich an's Werk. Er ließ die Bauern zusammenkommen, wies ihnen die Vortheile nach, die durch das Zusammentragen der Aecker und durch die Ablösung der Hütungsgerechtigkeiten für sie entständen; sagte ihnen, daß die Durchführung dieses Planes des Königs Wille sei; daß ihm, dem Gutsbesitzer, dieselbe übertragen, und daß er fest entschlossen sei, den königlichen Willen durchzusetzen; daß er sich dabei an die Taxe halten würde, die sie selbst aufgestellt, und daß er, um sie zu überzeugen, wie er nicht seinen Vortheil, sondern ihr Bestes dabei suche, ihnen ein Drittel Land mehr von dem seinigen geben werde, als ihnen nach den von ihnen selbst aufgestellten Grundsätzen zukommen würde.

Die Bauern erwiderten kein Wort; sie gingen anscheinend einverstanden nach Hause, hielten aber noch an demselben Tage eine Berathung im Kruge, deren Endresultat war, daß sie sich eine solche Umwälzung durchaus nicht könnten gefallen lassen, daß sie dadurch Alle ruinirt würden, daß der König das auf keinen Fall haben wolle, und daß sie sich bei ihm beschweren müßten. Das thaten sie denn auch wirklich. Einer von ihnen, der etwas Schulkenntnisse hatte, setzte eine Beschwerdeschrift auf, worin sie sich beklagten, daß der Gutsherr sie betrügen wolle, daß er das beste Land für sich ausgesucht und ihnen das allerschlechteste gegeben, und ihnen ihr Hütungsrecht auf seinen Feldern und in seinen Wäldern nehmen wolle, und daß die Folge davon sein würde, wie sie künftig keine Abgaben mehr würden zahlen können, weil sie Alle mit einander verhungern müßten. Zwei von ihnen wollten, damit diese Beschwerdeschrift sicher in die Hände des Königs gelangte, ihm dieselbe persönlich übergeben und zu diesem Ende nach Potsdam gehen; dort wollten sie bei der Wachtparade, indem einer von ihnen die Schrift hoch über den Kopf hielte, sich so stellen, daß sie dem Könige in die Augen fiele.

Der Gutsherr, der von diesem Plane hörte, erbot sich, ihnen als Ortspolizeibehörde, einen Paß für diese Reise auszustellen; sie befürchteten aber, daß das eine Falle sei, lehnten das Anerbieten ab und machten sich ohne Paß auf den Weg. Sie kamen auch glücklich und unangefochten nach Potsdam und stellten sich verabredeter Weise auf. Der König bemerkte sie, ließ ihnen durch einen Adjutanten die Schrift abnehmen, und nachdem er gehört, woher sie waren, und was sie wollten, ließ er sie auf das Schloß von Sanssouci befehlen. Dort sprach er sehr leutselig mit ihnen, versprach ihnen, daß ihre Beschwerde untersucht und ihnen Bescheid zugeschickt werden sollte; zugleich gab er ihnen auf ihre Bitte eine Ordre an den Gutsherrn mit, welche demselben aufgab, bis nach untersuchter Sache alles im vorigen Stande zu belassen.

Als die Boten mit dieser Botschaft heimkehrten, gab's im Dorfe groß Frohlocken, und die Leute sahen den Gutsherrn mit triumphirendem Blicke an. Die verheißene Untersuchung ließ nicht lange auf sich warten. Eine Commission, bestehend aus einer Gerichtsperson, einem Actuar und einem sachverständigen Landwirth, kam und verglich, unter Zuziehung des Gutsbesitzers und des Dorfschulzen, den dem Könige eingereichten Plan und die darin vorgeschlagenen Austauschungen mit dem Befinden an Ort und Stelle und mit dem von den Bauern selbst angegebenen Boden- und Ertragswerthe und fand, daß der Gutsherr, wo er davon abgewichen, das immer nur zum Besten der Bauern und zu seinem eigenen Schaden gethan habe; sie erklärten das den Bauern, ohne sie zu überzeugen, und berichteten das Resultat der Untersuchung an den König. Der erließ nun eine sehr ungnädige Kabinetsordre an die Dorfgemeinde, worin er sie warnte, sie möchten sich nicht unterstehen, noch einmal mit solchen Unwahrheiten

vorzugehen, widrigenfalls er sie streng bestrafen und die unbefug=
ten Schriftsteller in das Kowalski'sche Strafregiment einstecken
werde. (Unter „unbefugten Schriftstellern" verstand der König
die Concipienten der Beschwerde; das Kowalski'sche Strafregiment
aber war ein Garnisonregiment, in welches sowohl Offiziere als
Gemeine versetzt wurden, die Schulden oder andere leichtsinnige
Streiche gemacht hatten. Der General Kowalski, der es kom=
mandirte, war durch seine Strenge berüchtigt. Man erzählte,
daß er jedem neuen Soldaten, gleich nach seinem Eintritt dreißig
Hiebe aufzählen, ihn dann vorführen ließ und ihn fragte: „Was
hast Du gethan, daß Du die Hiebe bekommen hast?" Wenn
dann der Gefangene erwiderte: „Ich habe nichts gethan!" so
fuhr ihn der General an: „Siehst Du, Du Höllenhund, wenn
Du schon solche Hiebe bekommst, wenn Du nichts gethan hast,
dann kannst Du Dir denken, was Du für Hiebe bekommst, wenn
Du was gethan hast; also nimm Dich in Acht!")

Das Kowalski'sche Strafregiment war damals gefürchtet,
wie heut zu Tage das Zuchthaus, es wagte also keiner der Leute,
eine zweite Beschwerdeschrift aufzusetzen. Der Gutsherr ging,
sowie die Erndte vorbei war, an die energische Ausführung des
Ackeraustausches. Das Haideland, in dem die Bauern bisher
gehütet, wurde mit einem tiefen Graben umgeben, und auf dem
Lande, das ihm zufiel, ließ er sofort die nöthigen Arbeiten und
Verbesserungen vornehmen. Die Leute, die beim Könige kein
Recht fanden, glaubten, sie müßten sich selbst Recht nehmen.
Sie meinten nicht eigentlich, daß ihnen im Prinzip Unrecht ge=
schehen wäre, denn der Wille des Königs galt ihnen für Gesetz;
aber sie hielten das Gesetz für ungerecht, weil sie meinten, daß
es ihnen Schaden thue, und sie übervortheilt würden; auch glaub=
ten sie, daß die, mit der veränderten Bewirthschaftung unvermeid=
lich verbundenen Kosten sie zu Grunde richten würden. Sie wen=

beten nun ein eigenthümliches Verfahren an. Sie ließen die
Aecker, die ihnen zugetheilt waren, unbeackert liegen; dagegen
zogen sie des Nachts auf die Strecken, die dem Gutsherrn zu=
gefallen, und vereitelten dort durch gemeinsame Thätigkeit alle
Arbeiten, die derselbe am Tage vorher hatte verrichten lassen; die
aufgeworfenen Gräben warfen sie wieder zu; das mit dem Pfluge
umgeackerte Land, dessen Grasnarbe, damit sie faulen sollte, nach
unten lag, wandten sie in der Nacht um, so daß die Narbe wie=
der nach oben lag.

Anfangs glaubte der Gutsherr, es würde ihm gelingen, sie
durch Ausdauer zu ermüden, er ließ daher tagtäglich die zerstör=
ten Arbeiten von Neuem verrichten, aber die Leute waren uner=
müdlich; sie schliefen bei Tage und arbeiteten bei Nacht, unbe=
kümmert um ihre Zukunft, die eine bedenkliche werden mußte, da
sie ihre Aecker unbebaut ließen, also im künftigen Jahre keine
Erndte zu erwarten hatten.

Vergeblich versuchte der Gutsherr vernünftige, liebreiche Vor=
stellungen; der Sinn der Leute, die bisher sich immer fügsam
und gutmüthig gezeigt, wurde von Tag zu Tage erboster und
trotziger. Gewalt mochte Herr von Blomberg nicht versuchen;
denn er sagte sich selbst, daß die physische Uebermacht auf ihrer
Seite sei, und daß jeder verunglückte Versuch, sie zu überwältigen,
sein Ansehen vollständig untergraben müsse; und doch durfte diese
Art von Kriegszustand, bei der zuletzt beide Theile zu Grunde
gehen mußten, nicht länger dauern. Er ließ deshalb die Ge=
meinde zusammen berufen, um ihnen zu erklären, daß er über
ihre Widersetzlichkeit an den König berichten müsse, der Mittel
finden würde, sie zu brechen, und daß sie zu ihrem eigenen Besten
nachgeben möchten, dann solle Alles vergeben und vergessen sein.
Die Gemeinde kam nicht, und als er dem Schulzen vorstellte,
was er der Gemeinde hatte vorstellen wollen, erwiderte der, wenn

sie nachgäben, wären sie ruinirt, so wollten sie lieber durch Ge=
walt sich ruiniren lassen; dann könnten ihre Kinder doch ihnen
keine Vorwürfe machen, wenn sie betteln müßten.

Da berichtete Herr von Blomberg an den König über den
Stand der Dinge, und bat um militairischen Beistand. Er er=
hielt die Antwort, daß der Kommandeur in der nächsten Gar=
nison den Befehl erhalten habe, ihm so viel Truppen zu schicken,
als er fordern würde, daß er es aber noch einmal versuchen solle,
die Leute in Güte zu raison zu bringen. Das geschah. Da die
Leute nicht zu i h m kamen, ging Herr von Blomberg zu ihnen in
die Häuser, aber ohne allen Erfolg; sie hielten seine freundlichen
Ermahnungen für Schwäche und Furcht, und ihre Nichtachtung
und Erbitterung gegen den Gutsherrn stieg in einem solchen
Grade, daß sie aus dem Hinterhalte mit Steinen auf ihn war=
fen und er es nicht mehr wagte, anders als mit geladenen Pi=
stolen auszugehen.

Da schrieb Herr von Blomberg an den Kommandeur der
nächsten Garnison und ersuchte ihn, sechzig Mann Executions=
truppen nach Göhren zu schicken. Der schrieb ihm zurück, ein
Unteroffizier würde hinreichen, um die Bauern in Respect zu
setzen; da es aber schiene, als ob der Gutsherr große Furcht vor
den Bauern habe, so werde er zu seiner Beruhigung einen Fähn=
drich und zehn Mann schicken, die übermorgen in Göhren eintref=
fen sollten. Herr von Blomberg schickte sogleich eine Staffette
an den Kommandeur und stellte ihm vor, daß eine so geringe
Mannschaft bei der erbitterten, zahlreichen Bauernschaft Gefahr
liefe, offenen Widerstand zu finden und den Kürzeren zu ziehen,
und bat ihn bringend, kein Kommando abzuschicken, ehe nicht der
König, dem er soeben Meldung gemacht, selbst entschieden habe,
wie stark die Sendung sein solle.

Da es aber möglich, sogar wahrscheinlich war, daß das

Kommando schon abmarschirt war, ehe das Schreiben in die Hände des Kommandeurs gelangt war, so fuhr er dem Kommando entgegen, um den Führer dringend zu bitten, Halt zu machen, bis auf weitere Ordre. Leider mißglückten alle Versuche, das geahnte Mißgeschick abzuwehren. Das Schreiben an den Kommandeur lief erst ein, nachdem das Kommando bereits abgegangen; das Kommando wurde aber von Herrn von Blomberg verfehlt.

Bei den damals noch ganz vernachläßigten Wegen und dem Mangel an Wegweisern, hatte das Kommando den richtigen Weg verlassen, marschirte bei ihm vorbei und in Göhren ein, ehe er wieder zurückgekehrt war. Der Fähndrich ritt an der Spitze seiner zehn Mann in Göhren ein; die ganze Bauernschaft, selbst Weiber und Kinder, empfing ihn; auf allen Gesichtern lag Hohn, finsterer Trotz und wilde Erbitterung; er ritt auf den Haufen los und fragte in barschem Tone nach dem Schulzen. Ehe der Gefragte noch antworten konnte, schlug ihm der Fähndrich den Hut vom Kopfe, mit den Worten: „Kann er Bauernlümmel nicht den Hut" — ehe er noch ausgesprochen, war er schon von der empörten Menge vom Pferde gerissen, Männer wie Frauen fielen über ihn her, zerbrachen ihm den Degen, rissen ihn zu Boden, traten ihn mit Füßen und mißhandelten ihn auf jede Weise, daß er blutend und besinnungslos auf der Erde lag; die Soldaten, die ihm zu Hülfe eilen wollten, waren so dicht eingedrängt, daß sie keinen Gebrauch von ihren Gewehren machen konnten, sie wurden ihnen entrissen, ebenso ihre Seitengewehre und die Entwaffneten mit Hohnlachen zum Dorfe hinausgejagt; doch wurden sie nicht gemißhandelt.

Als der Gutsbesitzer heim kehrte, fand er den Fähndrich noch ohne Besinnung in einem Zimmer des Schlosses im Bett liegend, wohin ihn die Dienerschaft auf Befehl der herrschaftlichen Familie gebracht hatte; er erholte sich unter der Behandlung des

sofort herbeigeholten Arztes, und es fand sich, daß er keine lebens=
gefährliche Verletzung davongetragen.

Der Gutsbesitzer sandte sofort die zweite Staffette an den
König, worin er das Vorgefallene mittheilte und um weitere Ver=
haltungsbefehle bat. Er erhielt rasche Antwort, in der es hieß,
die Bauern müßten eigentlich aufgehangen werden, weil sie aber
in der Dummheit gehandelt, so solle Herr von Blomberg die
Sache untersuchen und die Schuldigsten Spießruthen laufen lassen,
ihnen aber anzeigen, daß jeder, der noch einmal die geringste
Widersetzlichkeit beginge, sogleich aufgehängt würde. Zugleich lag
eine Abschrift bei von der Kabinetsordre, die der König an den
Kommandeur erlassen, in derselben hieß es: „Er hat durch seine
Dummheit meine Armee so beschimpfen lassen, daß die Kanaille
einen preußischen Offizierdegen zerbricht, aber das ist meine Schuld,
warum mache ich einen solchen Esel zum Kommandeur; ich habe
Ihm gesagt, Er soll dem Blomberg so viel Mannschaft schicken
als er verlangt, wenn er verlangt, daß Er selber mitkommen
soll, so muß Er kommen!"

Herr von Blomberg verlangte nun eine ganze Compagnie,
die auch nach zwei Tagen unter Trommelschlag in Göhren ein=
rückte. Diesmal ließ sich kein Mensch von den Dorfbewohnern
blicken, nicht einmal ein Kind; so wie die Trommel von weitem
zu hören war, zogen sich Alle, die sich gerade außer dem Hause
befanden, in die Häuser und Ställe zurück.

Die Kompagnie vertheilte sich, so daß fünfzehn Mann bei
einem Bauer einquartirt wurden; von Zeit zu Zeit wechselten sie
mit ihren Quartieren, so daß die Last von Allen gleichmäßig ge=
tragen wurde. In dem Gericht, das abgehalten wurde, ver=
urtheilte Herr von Blomberg, dem der König freie Hand ließ,
jeden Schuldigen zu dreißigmal Spießruthen laufen, und da der
König nichts von den Frauen gesagt, so blieben sie straffrei, jeder

Bauer aber, von dem eine Ehefrau sich bei den Mißhandlungen betheiligt hatte, mußte zehn Gänge mehr durch die Spießruthen machen, weil er seine Frau nicht besser gezogen hatte. Jungfrauen hatten sich merkwürdiger Weise bei dem Exceß nicht betheiligt.

Die Soldaten zogen täglich förmlich auf die Wachtparade; starke Patrouillen streiften bei Nacht auf den Feldern umher und verhüteten so jeden Versuch, die Ackerarbeiten der Gutsherrschaft wie bisher zu vernichten; doch wären die Patrouillen wohl kaum nöthig gewesen. Der Muth der Leute war gebrochen; sie fügten sich in das, was sie jetzt als unabänderlich ansahen, nach dem Ausspruch, den man in jenen Gegenden öfter von den Land= leuten hört: „Wenn man muß, dann thut man's gern;" sie fingen sogar an, die ihnen zugewiesenen Aecker zu bearbeiten; sie erschienen sämmtlich, als der Gutsherr sie auffordern ließ, sich zu einer Versammlung einzustellen, und als er ihnen sagte, es thäte ihm leid, daß das Executions=Commando ihnen so große Kosten verursache, — wollten sie ihm versprechen, daß sie sich künftig ruhig verhalten würden, so wolle er beim Könige antra= gen, daß die Truppen zurückgezogen würden — da versprachen sie das sämmtlich; die Truppen verließen Göhren und die Ruhe blieb ungestört. Herr von Blomberg führte nun die beabsichtigte Stallfütterung durch, die Bauern folgten langsam nach; das Haideland wurde an Colonisten ausgegeben und nach und nach bebaut; das alte trauliche Verhältniß aber, das früher zwischen der Gutsherrschaft und den Bauern bestanden, kehrte nicht wieder. Dem Gutsbesitzer wurde dadurch der Aufenthalt verleidet; er verkaufte Göhren und kaufte Liebthal bei Crossen, wo er nur noch einige Jahre lebte, nicht lange genug, um die Früchte seiner un= eigennützigen Bestrebungen in vollem Maaße zu ernten. Hätte er zehn Jahre länger gelebt, so würde er die große Freude ge= habt haben, aus dem Munde der Göhrner Bauern zu hören,

wie der Schreiber dieser Zeilen es oft gehört hat: „Aus der
Erde möchten wir unsern Herrn kratzen, um ihm zu danken,
was er an uns gethan, jetzt erst sehen wir ein, wie gut er's ge=
meint!"

Die Göhrener Gemeinde wurde die wohlhabendste in der gan=
zen Umgegend, so wohlhabend, daß sie der Herrschaft das Ritter=
gut abkaufte, die Aecker unter sich vertheilte, die Wirthschafts=
Gebäude niederriß und von den Baumaterialien ihre bäuerlichen
Gebäude vergrößerte und vermehrte, das Schloß aber vermiethete.
Ungeachtet jener dankbaren Anerkennung zeugt noch heut, und
wird vielleicht noch in fernster Zukunft ein Name von der Feind=
schaft zeugen, die einst zwischen der Herrschaft und den Bauern
bestanden. Herr von Blomberg hatte zur Erinnerung daran,
daß er nur durch den entschiedenen Willen des Königs seinen
Plan durchgesetzt, die neue Colonie: Königswille genannt;
die Regierung hatte das genehmigt; und so steht in allen amt=
lichen Verfügungen und auf allen Spezialkarten der Name: Kö=
nigswille; die Bauern aber, welche die erste Anlage verspotte=
ten und andeuten wollten, daß daraus nimmermehr Etwas wer=
den könne, und daß Jeder, der sich da anbaue, verhungern müsse,
nannten die Colonie: hungriger Fuchs. So heißt sie noch
heut im Munde des Volks, und wer sie aufsuchen und unter
dem Namen: Königswille erfragen wollte, würde keine Aus=
kunft erhalten; er muß nach dem hungrigen Fuchs fragen,
den kennt dort jedes Kind, aber selbst von den Erwachsenen weiß
wohl kaum einer mehr, woher der Name entstanden.

Die preußische Flotte.

Die Geschichte der preußischen Flotte beginnt mit der preußischen Geschichte, die aber beginnt mit dem großen Churfürsten, was vorher geschah, waren Geschichten.

Als dieser große Fürst zur Regierung kam, war er ein Jüngling an Jahren, aber ein Greis an Weisheit, ein Mann an Thatkraft. Verwüstet waren die Felder und Wälder des Landes, noch wüster die Verwaltung; er erschrak nicht vor der Aufgabe, jenen aufzuhelfen, dieser abzuhelfen. Mit dem ihm eigenen Blick, der tief in die Verhältnisse, wie in die Herzen drang, erkannte er, daß sein Reich, machtlos und weitgestreckt, nur durch Regsamkeit ersetzen könne, was ihm an Macht, nur durch Entschlossenheit, was ihm an Geschlossenheit abging; dazu bedurfte er einer Handels=, einer Kriegsflotte, für beide der Oder= mündungen. Darum, wie arm er auch war*) — so arm, daß

---

*) Die sämmtlichen Staatseinnahmen betrugen im Jahre 1641 nur 400,000 Thaler, und waren auch fünf Jahre später nur auf 590,000 Thaler gestiegen, während im selben Jahre die Ausgaben 1,375,000 Thaler beanspruchten. Mit der Zeit besserten sich die Zu= stände des Landes und dadurch auch seine Einnahmen, so daß nach dem Frieden von St. Germain der Kurfürst jährlich 1,100,000 Thlr. auf die Armee verwenden konnte; freilich kostete sie damals an Ra= tionen und Portionen viel mehr als heut; der Rittmeister erhielt Fut= ter für sechs, der Lieutenant für vier, der Cornet für drei, der Wacht= meister für zwei Pferde. Wurde die Verpflegung in natura verab=

er bei seiner bejahrten Mutter drei Tausend Thaler leihen mußte, um seine Hochzeit anständig begehen zu können — bot er den= noch dem österreichischen Gesandten die damals unerschwinglich scheinende Summe von Einhundert Tausend Thalern, wenn er ihm jene Mündungen verschaffe, und schrieb ihm: „Von der Oder= mündung will und kann ich in Ewigkeit ohne den Ruin meines Hauses nicht abstehen." Und doch mußte er davon abstehen, er mußte ganz Vorpommern, das er als sein gesichertes Besitzthum angesehen hatte, mußte von Hinterpommern Stettin, das frische Haff mit allen Odermündungen an Schweden abtreten.

Er wurde dadurch nicht irre in seinem Streben, unermüdet rang er mit den geringen Hülfsmitteln, die ihm blieben, nach dem ersehnten Ziele und behielt es klaren und festen Blickes im Auge, bis an den Abend, ja bis in die Nacht seines Lebens.

Er hatte seine Jünglingsjahre in Holland zugebracht, und hatte da erkannt, wie dies Reich ungeachtet seines geringen Um= fanges und mancher Mißverhältnisse in der Verwaltung dennoch durch Flotte und Colonieen zu hoher Bedeutung gelangt war; seinem Lande eine ähnliche zu schaffen, das war ihm Lebensauf=

---

reicht, so erhielt der Oberst täglich dreißig Pfund Brod, dreißig Maaß Bier, zwanzig Pfund Fleisch; der Gemeine erhielt drei Pfund Brod, drei Maaß Bier, zwei Pfund Fleisch; vergleicht man diese Portionen mit den heutigen, so bekamen damals die Soldaten zu viel oder sie bekommen heut zu wenig, vielleicht liegt hier, wie so oft, die Wahr= heit in der Mitte. Die Ausgaben für die Armee blieben in steter Zu= nahme, im Monat März des Jahres 1682 kostete das Heer 169,964 Thlr. 17 Groschen; wiederholten sich, wie es den Anschein hat, diese Kosten allmonatlich, so betrug allein der Militair=Etat jährlich über zwei Mil= lionen Thaler und gewährt den Beweis, wie sehr sich die Macht und die Mittel des Landes unter dem großen Fürsten gehoben hatten, der seinem Nachfolger keine Schulden und einen Schatz von 650,000 Tha= lern hinterließ.

gabe. Er wurde dabei nicht unterstützt von Glück und Geschick, nicht von eigenem Glück, denn erst sein Enkel erhielt die Odermündungen, nicht von der Geschicklichkeit seiner Brandenburger, denn ob sie auch, wo es galt, bereit waren, ihr Blut zu wagen, hatten sie doch nicht den Muth, ihr Gut zu wagen. Ihre Tapferkeit war so bekannt, daß nicht nur der Prinz Eugen, der edle Ritter, bei Hochstädt den Oesterreichern, da sie nicht brav fochten, den Rücken kehrte und sich zu den brandenburgischen Truppen wandte, indem er ausrief: „Ich will jetzt mit braven Soldaten kämpfen!" — daß selbst eine Frau, die Königin von Schweden, den Heldenmuth der Brandenburgischen Soldaten anerkannte, und da sie in Rom sich nach Hülfe umsah, nicht nach Landsleuten, sondern nach Brandenburgern sich sehnte, indem sie ausrief: „Ich wollte, ich hätte hundert Brandenburger hier!"

Kraft zum Handeln hatten die Brandenburger, aber keinen Sinn zum Handel; was sie bedurften von fremden Erzeugnissen, das schickte ihnen Hamburg, welches damals schon den großen, kühnen Kaufmannsgeist und Stolz besaß, der ihm heut noch eigen ist. Was die Brandenburger verkauften vom eigenen Ueberfluß, nahm ihnen Hamburg ab. Eben so gering war der Unternehmungsgeist der Kaufleute in Preußen. Gern hätte der Kurfürst ihre Muthlosigkeit überwunden, ihren Unternehmungsgeist ermuntert durch thätige Unterstützung, indem er den Gewinn des Wagnisses ihnen überließ, den möglichen Verlust übernahm, aber die Folgen des dreißigjährigen Krieges hatten seine Kasse erschöpft, immer neue Kriege nahmen sie stets von Neuem in Anspruch, und die Noth der schwedisch-polnischen Verwickelungen drängte ihn, statt naturwüchsig mit einer Handelsflotte zu beginnen, zuerst eine Kriegsflotte in Angriff zu nehmen; freilich war es eine vom kleinsten Kaliber, statt mit vollen Segeln aus dem Hafen zu lau-

fen, fegelte fie gar nicht, fondern begnügte fich mit mühfeligem
Rudern, indem der Kurfürst eine Anzahl von Ruderbooten her=
stellen ließ, die durch Landungen an der feindlichen Küfte die
Truppen zu beunruhigen fuchten.

Der baldige Friede machte der kleinen Flotte ein Ende, ehe
fie Großes gethan. Sie darf auch nicht der Keim unferer Kriegs=
marine genannt werden, denn der wilde Schößling, der bald
darauf fchnell emporwuchs, stammte aus einer andern Wurzel,
doch war fie ein Anfang. Der Fortgang entfprang aus
einer trüben Quelle: aus dem Schuldgefängniß der kleinen hol=
ländifchen Stadt Middelfarth; in dem befand fich ein Kaufmann
Benjamin Raule, der durch den Reichthum feiner Pläne in Ar=
muth und Schulden gerathen war und jetzt darauf fann, durch
neue Pläne, wenn auch nicht aus feiner Schuld, doch aus fei=
ner Haft zu kommen.

Er wandte fich an den Kurfürsten mit dem Gefuch, ihm
Caperbriefe gegen Schweden zu ertheilen, das eben im Kriege
mit Brandenburg war. Die Schweden waren, während ihr gro=
ßer Gegner vollauf am Rheine zu thun hatte, ihm ins Land ge=
fallen; da fein Landheer ihnen nicht gewachfen war, ging er gern
auf Raules Gefuch ein.

Seine Feinde konnten ihre erften Bedürfniffe, Salz und
Getreide, nur zur See erhalten; gelang es, ihnen beides abzu=
fchneiden, fo mußten fie Frieden fchließen. Das Anerbieten felbft
fchien unbedenklich, bedenklicher fchien der, von dem es ausging.
Der holländifche Gefandte, beauftragt, über ihn zu berichten, war
der Meinung, man könne zehntaufend Thaler daran wagen, ihn
aus dem Schuldarreft zu befreien. Der Kurfürft wies die Summe
an, als fie aber nicht genügte, Raule für diefen Zweck fernere
fiebentaufend zweihundert Thaler forderte, glaubte der Gefandte
zwar, auch diefe Zahlung noch verantworten zu können, rieth

aber, wenn auch sie nicht genüge, den Mann und den Plan
fallen zu lassen.

Der Mann war aber, wenn auch nicht ebenso vortrefflich
als der Plan, doch ebenso klug.

Mit einer Elasticität des Geistes, die durch Widerwärtigkei=
ten nur neue Spannkraft erhielt, machte er es vom Gefängniß
aus möglich, drei Fregatten und zwei kleinere Schiffe segelfertig
herzustellen. Er hatte mit berechnender Feinheit die drei Fregat=
ten: Kurprinz, Berlin und Potsdam benannt, und selbst
die Namen der kleineren Fahrzeuge Bielefeld und Bulle
waren nicht ohne Bedeutung. In Bielefeld hatte kurz vorher
der Kurfürst einen vielversprechenden (freilich später nicht wort=
haltenden) Vertrag mit dem Herzog von Neuburg, dem Bischof
von Münster und Kur=Cöln abgeschlossen; Rindviehzucht begün=
stigte er aber mit besonderer Vorliebe, um dadurch der vielge=
sunkenen Landwirthschaft aufzuhelfen.

Er bewilligte sofort gegen den Rath des Gesandten fünf=
undzwanzigtausend Gulden und machte Raule frei; zum Dank
machte dieser die schwedische Schifffahrt unfrei, kaperte auf der
Nordsee neunzehn schwer befrachtete Schiffe und führte sie nach
Seeland, wo der Kurfürst in der Person des Leonhard von Grins=
weld einen besonderen Director der Caperei eingesetzt hatte. Leider
befanden sich unter den gekaperten Schiffen auch einige hollän=
dische, die unter schwedischer Flagge gesegelt; Holland, das mit
dem großen Kurfürsten verbündet war, forderte die Herausgabe
der Schiffe, und drohte im Weigerungsfalle das Bündniß auf=
zulösen. Dem Kurfürsten war viel am Fortbestande desselben
gelegen. Er gab nach, aber holländischer Seits begnügte man sich
damit nicht, sondern machte Raule den Prozeß als Seeräuber;
das trieb ihn aus dem Lande, trieb ihn aber glücklicherweise in
das Land, in dem er hoffen durfte, Schutz und Brod zu finden;

trieb ihn nach dem Brandenburgischen, wo der große Kurfürst
soeben bei Fehrbellin glorreich gesiegt, ein festes Bündniß mit
Dänemark geschlossen und die Schweden bis unter die Wälle von
Stralsund gejagt hatte. Dadurch war der Kriegsschauplatz an
die Küste der Ostsee gelangt, und der Besitz einer Kriegsflotte
zum dringenden Bedürfniß geworden; eine solche in der Schnelligkeit
zu erzeugen, war unmöglich. Da that der Kurfürst das, was
nach damaliger Sitte bei Kriegerhaufen gebräuchlich war; er
miethete eine Kriegsflotte, gab Raule für dessen Schiffe auf
drei Monate 135,000 Gulden, verstärkte die Mannschaft mit 569
Marinesoldaten, die der Obrist de Balsey in Holland für ihn
geworben, und befahl ihm, die Feste Carlsburg, welche die Schwe=
den bei Bremen erbaut hatten, zu nehmen.

Dieser hielt das für so leicht, daß er schrieb, Carlsburg
werde in drei Tagen brandenburgisch sein. Er jagte auch wirk=
lich die schwedischen Vorposten vor sich her und forderte den Com=
mandanten zur Uebergabe auf; als dieser sie aber verweigerte,
und zugleich die Kunde kam, daß von Stade her einige Tausend
Schweden in Anmarsch wären, mußte Balsey nach den Schiffen
eilen; die Matrosen aber, auf eigene Sicherheit bedacht, segelten
ab, ehe der Trupp sich einschiffen konnte. Nur Wenige retteten
sich, die Meisten wurden gefangen genommen.

So mißlang der erste Versuch vollständig, aber sein Miß=
lingen war dem Kurfürsten keine Mahnung, fernere Versuche auf=
zugeben, er mahnte nur zu größerer Vorsicht und zum vereinten
Wirken von Land= und Seemacht. Diese Vereinigung brachte,
während Derfflinger das Landheer, Raule die Seemacht befeh=
ligte, noch im selben Jahre die Einnahme von Wolgast, Wollin
und Greiffenhagen, brachte Raule den Rang eines Marine=Di=
rectors und bewirkte den Abschluß eines neuen Miethsvertrages,
vermöge dessen für das nächste Jahr drei Fregatten, zwei kleine

Kriegsfahrzeuge und sechs Schaluppen unter der Führung von Jacob Raule (Benjamins Bruder) in der Ostsee kreuzen sollten.

Am 7. Mai kam die Flotte wirklich in Kopenhagen an, aber nicht geführt von Jacob Raule, sondern von Benjamin, welcher meldete, daß sein Bruder in Seeland durch Gläubiger festgehalten werde. Wahrscheiulich glaubten beide, der Kurfürst würde die Mittel zur Befreiung auch dieses Bruders hergeben, aber sie irrten sich, er hatte genug an dem einen, und befahl diesem, er solle versuchen, in's Haff zu bringen und Stettin, das eben belagert wurde, von der Seeseite einschließen. Um indessen die kleine Seemacht auf jede Weise zu vergrößern, gab der Kurfürst Befehl, seine eigene Leibjacht in Königsberg zum Kriege auszurüsten, und als sich diese dazu untauglich erwies, ließ er statt ihrer eine litthauische Schute auf seine Kosten armiren. Diese Kosten wurden sofort zehnfach vergütet, denn kaum war die Schute in See gestochen, so kaperte sie noch in derselben Stunde ein reich beladenes Kauffahrteischiff.

Gleich darauf kam von Colberg die Kunde: heut seien unter der Predigt fünf Schiffe in See gesehen worden, und habe sich nach der Zeit gefunden, daß drei davon Schiffe Seiner churfürstlichen Durchlaucht gewesen, welche zwei schwedische Orlogschiffe genommen. Das wurde Anfangs für kaum möglich gehalten, aber bald lief die Bestätigung ein, und wenn auch die Briggschiffe zu einer Fregatte, dem „Leopard", und zu einer Brander zusammenschrumpften, so gereichte doch dieser erste Sieg zur See, den die junge Flotte gegen Kriegsschiffe davon getragen, dem Kurfürsten zur großen Freude. Er theilte den Erfolg seinem Gesandten im Haag sogleich mit und befahl ihm, den Generalstaaten Anzeige davon zu machen. Sie sollten erkennen, daß Brandenburg eine Seemacht und ein Bündniß mit ihm von größerer Bedeutung geworden sei. Den eroberten „Leo-

9

parb" ließ er in Colberg zu einer Brandenburgischen Fregatte umwandeln. Das war das erste Kriegsschiff, welches ihm eigenthümlich gehörte.

Raule drang den ihm ertheilten Befehlen gemäß in das Haff ein und hinderte die Verbindung zwischen Stettin und Anklam, so daß es den Schweden nicht gelang, den letzteren Ort zu unterstützen; dagegen glückte es seinen und des Landesherrn vereinten Anstrengungen in diesem Jahre noch nicht, Stettin zur Uebergabe zu zwingen. Denn wie hart auch die Stadt bedrängt wurde, ein Heldenmädchen, eine zweite Jeanne d'Arc, Maria Lange, predigte auf den Plätzen und in den Gassen und entflammte in begeisternder Rede die Bürger zur äußersten Gegenwehr.

Dennoch that die brandenburgische Flottille den Schweden großen Abbruch. Sie hemmte die Zufuhr, sie kaperte feindliche Schiffe und störte die Verbindung der schwedischen Truppen. Diese Erfolge trieben zu neuen Seerüstungen, denn dem Kurfürsten lag Alles daran, Stettin, Stralsund und Greifswald zu erobern und dadurch die Ostsee für die Dauer zu erwerben. Er brachte deshalb zur Belagerung Stettins aus den Zeughäusern von Berlin, Küstrin und Minden über zweihundert Geschütze zusammen, eine für die damalige Zeit staunenswerthe Zahl; sollte aber die Belagerung von der Seeseite her nicht gestört werden, so war die Beherrschung der Ostsee unerläßlich; er miethete daher von Neuem drei Fregatten, zwei Galleoten und eine Jacht, rüstete im Colberger Hafen zum ersten Male auf eigene Rechnung Schiffe mit 57 Kanonen und dreihundert Mann aus, zu denen noch vier Kaperschiffe Raule's stießen, welche 26 Kanonen und 274 Mann führten, so daß die Brandenburger Flotte sich dreist mit der schwedischen messen konnte, wenn auch nicht an Zahl, so doch an Macht; denn Muth giebt Macht, und die Brandenburger See-

leute waren von einem Muth erfüllt, der ihnen sicheren Sieg
verhieß und eben dadurch auch gewährte. Wo schwedische
Schiffe sich sehen ließen, da machten die brandenburgischen Jagd
darauf, ohne nach der Uebermacht der Feinde zu fragen, und fast
immer trugen sie den Sieg davon*), so daß sie zuletzt für un-
überwindlich sich hielten, während die Schweden ihre frühere Zuversicht immer mehr verloren. Da durfte der Kurfürst es wagen, einen Theil seiner kleinen Flotte nach Hamburg zu senden,
um dort die Hunderttausend Thaler einzutreiben, welche ihm die
Stadt schon lange verschuldete, in stolzer Sicherheit aber zu
zahlen sich weigerte; jetzt, da sie sahen, daß der Kurfürst Macht
und Willen besaß, sich Recht zu schaffen, machten sie Vergleichs-
Vorschläge, auf die er bereitwillig einging. Dabei wurde die
Belagerung von Stettin eifrig fortgesetzt, und die wichtigste Schanze,
die Sternschanze, im Sturm genommen; zwar gelang es acht
schwedischen Schiffen nach vierstündigem Kampfe, ein brandenburgisches in den Grund zu bohren, da ihm die andern Fahrzeuge wegen alter unter dem Wasser befindlichen Pfähle nicht zu
Hülfe kommen konnten; aber die Bemannung wurde durch her-
beieilende Kähne gerettet, und was mehr war, die Ehre war gerettet, denn Tausende von Zuschauern sahen mit staunender Bewunderung dem ungleichen Kampfe und der kühnen Tapferkeit der
Brandenburger zu.

Die schwedische Besatzung Stettins wehrte sich muthig, obgleich zuletzt ohne Erfolg; die brandenburgische Flotte schnitt der
Stadt alle Zufuhr ab, so mußte sie endlich den Kurfürsten einlassen und ihm huldigen. Jetzt war ganz Pommern in seinen Händen mit alleiniger Ausnahme von Stralsund, Greifswald und Rügen.

---

*) Paßt das nicht ganz auf die Gegenwart, wenn wir statt
„schwedische Schiffe" „dänische Schiffe" sagen?

9*

Das letzte sollte zuerst erobert werden. Raule brachte aus sämmtlichen pommerschen Häfen die nöthigen Transportschiffe zusammen, sie wurden von seinen und den kurfürstlichen Schiffen an
die Mündung der Peene geleitet, woselbst in Gegenwart des
Kurfürsten und seines ganzen Hofstaates das Heer feierlich ein-
gesegnet und unmittelbar darauf am 11. September 1677 ein-
geschifft wurde. Die Ausschiffung auf Rügen sollte gemeinschaftlich mit der verbündeten dänischen Flotte geschehen, die vom Admiral Juel befehligt wurde, während der Kurfürst in eigener Person Heer und Flotte kommandirte.

Der dänische Admiral war mit den Dispositionen des Kurfürsten nicht einverstanden, beide trennten sich daher, jener segelte
nach Wittow, der fürstliche Feldherr und Admiral wollte in Put-
bus landen, aber er war wohl mehr Feldherr, als Admiral; der
ungünstige Wind brachte die Flotte in die Schußweite der Strand-
batterien und dadurch in große Gefahr, der sie nur mühsam entging. Unterdessen war der dänische Admiral in Wittow gelandet
und hatte daselbst Posto gefaßt. Auf die Kunde davon eilte der Kurfürst ihm nach, unter Jubelgeschrei landeten die Brandenburger; die
Ueberfahrt auf Kähnen währte ihnen zu lange, sie sprangen in's
Wasser, theils bis an den Hals darin watend, theils schwim-
mend, erreichten sie unter unaufhörlichem Hurrahruf das Land
und stellten sich während des feindlichen Feuers in Schlacht-
ordnung auf, in so sicherer Haltung, als wären sie auf dem
Exercierplatz. Diese kalte Furchtlosigkeit imponirte den Schwe-
ben, sie wagten keinen Angriff, sondern erwarteten ihn. Er
ließ nicht lange auf sich warten, ungestüm, unwiderstehlich drangen
die Brandenburger vor, der alte Derfflinger warf mit zwei eben
ausgeschifften Schwadronen acht Schwedische über den Haufen,
der Kurfürst erstürmte die Fährschanze und öffnete dadurch die
Linien des feindlichen Heeres dem Feuer der Flottille, die Schwe-

ben wurden vollständig geschlagen, ihr Feldherr entkam auf einer Schaluppe nur dadurch, daß das flache Wasser die Verfolgung hinderte.

Der Kurfürst ließ eine Besatzung auf Rügen und führte Heer und Flotte vor die Wälle von Stralsund; diese Wälle hatten dem gefürchteten Wallenstein getrotzt, hatten ihm einen Theil seines Heeres und seines Feldherrnruhmes gekostet, sie galten für uneinnehmbar, aber die Leiden der stärkeren Festung Stettin waren den Bürgern und der Besatzung Stralsunds eine Warnung. Ohne Aussicht auf Hülfe von der See her, ergaben sie sich am 28. October und wenige Tage darauf öffnete auch Greifswald nach kurzer Beschießung mit glühenden Kugeln seine Thore.

Sieben Schiffe wurden mit den schwedischen Gefangenen angefüllt, zwei brachten die aus Ostpreußen herangezogenen Truppen in ihre Heimath zurück, der Feldzug war beendet, der Kurfürst im langersehnten Besitz der Odermündungen und der Ostseeküste Pommerns! —

Er gedachte diesen Besitz nimmer herauszugeben und ließ sich von dem Lande huldigen. Als er in Berlin einzog, empfing ihn ein Jubel, wie ihn die Stadt bisher noch nicht gekannt. Mitten im Winter waren alle Plätze und Straßen wie in einen großen Hain verwandelt, durch sieben Triumphbogen sollte der Held einziehen, aber der große Kurfürst, wie nach ihm der große König, lenkte diesem Triumph aus, um sich an des Landes äußerster Grenze einen neuen zu bereiten.

Schweden, in Pommern bis zur Widerstandslosigkeit besiegt, versuchte von Liefland aus einen Einfall in das für wehrlos gehaltene Preußen, da raffte der Kurfürst sich auf vom Lager, auf das schmerzhafte Krankheit ihn geworfen, und stürmte in Eilmärschen in bitterster Kälte mit einem kleinen, auserlesenen Heere nach Litthauen.

Das Meer, auch hier ihm unterwürfig, wie bisher, bot seinen Eisrücken zur berühmten Schlittenpartie, daß er mit seinen Truppen darüber hinjagte und den Feind nicht verjagte, sondern vernichtete. Jetzt schien sein Erwerb und die Frucht desselben, Erweiterung der Handels- und Kriegsflotte, ihm gesichert; was ihm im Westphälischen Frieden die Federkraft der falschen Diplomaten genommen, das hatte er mit der Manneskraft seines treuen Schwertes sich zurückerobert, aber nur für kurze Zeit. Die unerhörten Erfolge des Kurfürsten erregten das Staunen der Völker, aber die Eifersucht der Kabinette; Frankreich verstand es, diese Eifersucht und das stets damit verbundene Mißtrauen zu schüren, daß die Bundesgenossen des Kurfürsten, daß der Kaiser, dem er so treu gedient, daß die Republik Holland, für die er mit größter Aufopferung gekämpft*), ihm den Rücken kehrten. Frankreich verstand es, die Mächte, die sich bisher neutral gehalten, England und Polen, gegen Brandenburg aufzuhetzen, so daß es, verlassen, bedroht von allen Seiten, im Frieden von St. Germain Alles herausgeben mußte, was es blutig und glorreich erkämpft. Die Odermündungen, die Ostseeküste gingen ihm zum zweiten Male verloren.

Tief gekränkt, aber nicht gebeugt, in dem edlen Zorn, der zum Dichter, zum Propheten macht, rief der Kurfürst aus: „Nicht der König von Frankreich zwingt mich zum Frieden, sondern der Kaiser des Reichs, meine nächsten Verwandten und Alliirten,

---

*) Der Kurfürst sagt in einem Schreiben wörtlich: „Ich habe aus Liebe zur Republik die von Frankreich mir durch Wilhelm Fürstenberg angebotenen günstigen Bedingungen ausgeschlagen, und da fast Alles verloren zu sein schien, habe ich mich den Franzosen mit aller Gewalt widersetzt, meines eignen Lebens nicht geschont, meinen erstgebornen Prinzen eingebüßt, alles das Meinige in die Schanze geschlagen" 2c.

sie werden es bereuen und einst ebenso viel verlieren, als ich jetzt verliere!"

Je mehr ihm genommen, desto eifriger, desto unermüdlicher suchte er das zu nützen, was ihm blieb. Pillau und Königsberg eignen sich nur nothdürftig zu Häfen und Werftanlagen, aber ihm blieb seine neu begründete Kriegsflotte, ihm blieb, was mehr werth war, als Alles, der flammende Kriegsmuth, die Sieges= zuversicht seiner jungen Marine.

Sie war nur klein und doch größer als die Hülfsmittel des Staates; es galt, neue zu schaffen; da schloß er vortheilhafte Handelsverträge mit dem Kirchenstaat, mit Florenz und Malta, mit Holland und England, ja er überwand die Abneigung, die er gegen den stolzen Ludwig fühlte, und bot ihm einen für beide Theile vortheilhaften Handelsvertrag an, worauf Ludwig der Vierzehnte, dem die Franzosen so gern den Namen des Großen anwindbeuteln möchten, in thörichtem Hochmuth erwiderte, daß die Besorgung von Handels=Angelegenheiten besser den Kaufleu= ten überlassen bliebe.

Der große Kurfürst dachte anders; wo es die Wohlfahrt des Landes galt, war ihm das Kleinste nicht zu klein. Wie wir von Friedrich dem Großen ein von ihm selbst verfaßtes „Reg= lement vor die Husaren=Regimenter" besitzen, so vom großen Kurfürsten von ihm selbst verfaßte „Artikuls=Briefe für die Marine", die das sind, was wir heutzutage mit Kriegs=Ar= tikel bezeichnen. Sie entstanden bald nach beendetem Kriege mit Schweden, und enthalten unter andern folgende Bestim= mungen: §. 21. Niemand soll sich unterfangen, nachdem die Wacht aufgeschlagen und besetzt ist, in einer fremden Sprache zu reden, bei Todesstrafe. §. 24. Niemand soll sich unterfangen, einige Briefe anzunehmen, abzugeben oder fortzuschicken, ohne in Gegenwart des Capitains, bei Vermeidung des Galgens. §. 27.

Es soll sich Niemand unterfangen, von der Wacht zu gehen, ehe ihn ein anderer ablöst, bei Strafe, drei Mal durch den Kiel gezogen zu werden.*) §. 36. Sintemal das meiste Unheil aus Trunkenheit entsteht, als wird einem Jeden, Offizier und Anderen, hiermit ausdrücklich untersagt, sich trunken zu Schiff finden zu lassen, und soll der Offizier, welcher sich diesfalls verlaufen wird, zum ersten Male vierzehn Tage, und jeder Matrose acht Tage in Banden gesetzt, zum andern Mal nach des Admirals Gefallen bestraft werden. §. 39. Wer in bösem Muth auf Jemand sein Messer zieht, der soll mit dem Messer durch die Hand an den Mastbaum gestochen werden, und so lange daran stehen bleiben, bis er dasselbe hindurchzeucht. §. 42. Wer den Andern ersticht oder erschlägt, der soll lebendig mit dem Todten Rücken an Rücken zusammengebunden und über Bord geworfen werden. §. 48. Wer, wenn es erfordert, nicht fechten wird, der soll ohne alle Gnade mit dem Tode bestraft werden. §. 49. Die Köche sollen gehalten sein, das von dem Fleische abtriefende Schmalz oder Fett, so lange es eßbar, zu den Suppen zu bewahren, und was nicht tauglich, zur Unterhaltung des Schiffes anzuwenden. §. 50. Frauenspersonen darf sich Niemand, weder edel noch unedel, groß noch klein, unterstehen, zu Schiffe zu bringen u. s. w.

Man erkennt die züchtige Strenge und die strenge Zucht der Zeit am Inhalt, an der Form die kurzkernige Sprache des entschiedenen Mannes, der auch darin seiner Zeit voran eilte, indem er sich losriß von dem weitschweifigen, schwülstigen Styl,

---

*) Das sogenannte Kielholen: der also Bestrafte wurde an Seilen mit großer Schnelligkeit unter dem Schiff durchgezogen, wobei er in der Regel gefährliche Wunden, zuweilen den Tod davontrug.

in dem zu jener Zeit Gesetze und Verfügungen veranlaßt wurden. Le style c'est l'homme, sagt Buffon.

Der Kurfürst hatte vortheilhafte Handelsverträge abgeschlossen, aber ihre Vortheile konnten erst mit der Zukunft kommen und die Gegenwart forderte Geld viel Geld; die Flotte erschöpfte die Staatsmittel, denn der große Beherrscher begnügte sich nicht, die Kriegsflotte zu erhalten, der er im letzten Kriege selbst seine Erhaltung verdankte, er suchte auch einen neuen Handelsgeist und eine neue Handelsflotte zu erzeugen; er begründete in Königsberg eine Handelsgesellschaft, die ihre Thätigkeit mit dem Bau von 10 Kauffahrteischiffen begann, er berief Schiffsbauleute aus den Niederlanden und ließ Waarenschuppen, Werften und Arsenale errichten.

Brachte die Handelsflotte eine sichere aber späte Erndte, so sollte die Kriegsflotte bei sich darbietender Gelegenheit rasche Frucht tragen. Die Gelegenheit bot sich bald. Spanien verschuldete an Brandenburg gegen zwei Millionen Subsidiengelder aus der Zeit her, da es (im Jahre 1674) sich verpflichtet hatte, für dessen Beistand im Kampf gegen Frankreich, monatlich zweiunddreißigtausend Thaler Hülfsgelder zu zahlen; ungeachtet Brandenburg seine Verpflichtungen treu erfüllt hatte, zögerte Spanien mit der Erfüllung der seinigen.

Vergeblich versuchte der Kurfürst mit Vorstellungen, Bitten, Mahnungen mindestens eine Abschlagszahlung zu erreichen; wie ein vornehmer Herr, der in Schulden steckt, einen mahnenden Professionisten anfangs mit höflichen Redensarten abspeist, zuletzt mit unhöflichen abweist, hielt der spanische Hof den brandenburgischen Gesandten mit allerlei Höflichkeiten hin, und als er zuletzt dringender wurde, erhielt er zur Antwort, daß man die Zahlung der restirenden Subsidiengelder wegen Geldmangels nicht in Aussicht stellen könne. Da erschien Selbsthülfe gerechtfertigt, geboten durch das Gesetz der Noth, der Ehre; Raule bekam Befehl, sechs Schiffe in Dienst zu stellen: Friedrich Wilhelm mit 40, Kurprinz mit 32, Dorothea mit 32, Rother Bär mit 30, Fuchs mit 20, Berlin mit 16 Kanonen und außerdem einen Brander, den Salamander; die Bemannung bestand aus 900 Matrosen und Seesoldaten.

Ihr Befehlshaber Claus von Bevern, wurde beordert, vor Dünkirchen auf spanische Schiffe Jagd zu machen, die gekaperten nach Pillau zu schicken, mit der Escadre aber nach Cadix, und wenn sich da keine gute Jagdgelegenheit fände, weiter bis nach West-Indien zu segeln. Schon im Canal traf die Flotte auf das spanische Kriegsschiff Carolus II., ein Linienschiff von 50 Kanonen, griff es mit Ungestüm an, nahm es nach tapferer Gegenwehr und brachte reiche Beute heim, denn die Ladung bestand aus Brabanter Spitzen und feiner Leinewand. Spanien erhob einen gewaltigen Lärm und forderte Herausgabe des Schiffes und der Ladung und glänzende Satisfaktion; der Kurfürst behielt das Schiff und Ladung, und als Satisfaction erklärte er: Fünf Jahre lang habe er durch kostbare Sendungen keine Satisfaction erhalten können, so sei er genöthigt gewesen, zu diesem äußersten Rechtsmittel zu greifen. Doch suchte er sich für alle Fälle zu rüsten und seine clevischen Lande gegen einen spanischen Ueberfall zu sichern.

Die Spanier begnügten sich mit Drohen und Schimpfen, indem sie die Handlungsweise des Kurfürsten seeräuberische Frechheit nannten, die der gerechten Strafe nicht entgehen würde. Wie wenig der Kurfürst sich durch Schimpfen und Drohungen einschüchtern ließ, mit welchem Eifer und mit welcher Einsicht er sein Ziel verfolgte, beweist eine im Geheimen Staats-Archiv befindliche Instruction, welche er dem Befehlshaber eines neuen Geschwaders, dem Thomas Abler, mitgab. Diesem Geschwader

war auch das eroberte spanische Linienschiff, Carolus II., nachdem es in ein Brandenburgisches umgewandelt worden, als das
größte Schiff unserer Kriegsmarine beigegeben, die Instruktion
aber lautete also:

„Es hat sich gedachter unser Kommandant mit den ihm
untergebenen drei Schiffen Carolus secundus, der Rothe Löwe
und Fuchs, sobald er segelfertig, geraden Weges nach der Höhe
von Dunquerquen zu erheben, und wenn er daselbst wird ange-
langet und zu dem Capitain Jean Lacher*) gestoßen sein, soll er
von desselben Schiffen in dieser seiner Escadre so viel von Soldaten und Matrosen übernehmen, als er nöthig befinden wird,
um mit Mannschaften wohl versehen zu sein. Indessen soll er
unter der Hand und in der Stille vernehmen, wie es mit dem
Ostendeschen Convoy beschaffen, wie stark sie sei und wenn sie
aussegeln werde? Da er ferner fleißig darauf Achtung zu geben und
zu dem Ende zwei der bestsegelnden Schoner auf Kundschaft zu schicken
hat; und wenn er nun solche Convoy nebst den Kauffahrteischiffen antrifft, hat er zu begehren, daß sie sich freiwillig er-
geben möchten und so sie solches nicht thun wollen, hat er sie
dazu mit Macht zu constringiren, und wenn es glückt, daß er
sie wegnimmt, hat er die Schiffe nach Pillow zu senden, ohne daß
er selber mitkomme. Und weil er sothane nach der Pillow
gehende Schiffe mit Unser Matrosen versehen muß, so hat er
von denen spanischen Matrosen so viel freiwillig in Dienst zu
nehmen, als Er von den Unsrigen wegschickt. Sollte er aber
erfahren, daß gedachter Convoy entweder aus Furcht nicht auslaufen werde, oder auch, daß selbiges bereits abgesegelt war, so
soll er auf den ersten Fall auf dasselbe Convoy sowohl, als auf

---

*) Gehörte als Kommandeur der Soldaten zum Geschwader des
vorgedachten Claus von Bevern.

alle einkommende und ausgehende flämische und spanische Schiffe
ein Monat lang, so viel der Wind füget, kreuzen und sich so
viel wie möglich unbekannt halten, mit oder ohne französische
Flagge, welche ihm zu dem Ende mitgegeben worden. Auf den
andern Fall aber, wenn der Convoy bereits ausgelaufen war
oder ihm bei Nacht echappiret, soll er mit seiner Escadre gerade
durch den Canal laufen, ohne in England oder Frankreich zu
landen, ohngefähr bis vor Cadix, woselbst er gute Kundschaft
einzuziehen hat, was von Spanien aus- und einlaufen wollen?
worauf er denn, wie auch auf die Türken fleißig zu kreuzen
hat, und wenn er Türkische Schiffe oder Prisen, so die Türken
genommen, antreffen, hat er dieselben rigoureux zu befechten und
diejenigen, welche er durch Gottes Segen erobern möchte, nach
Lissabon zu bringen und die Türken daselbst als Sclaven so
theuer als möglich zu verkaufen und das Geld durch gute Wechsel-
briefe nach Rotterdam an Jean Leby zu remittiren und die darin
gefundenen Waaren und Güter, wie auch die Schiffe selbst hat
er zu Lissabon bis zu seiner Wiederkunft liegen zu lassen und
dann mit Salz zu beladen und nach der Pillow mitzubringen."

„So soll er auch zu vernehmen suchen, wenn die Spanische
Flotte ankommen werde, welche durch den fernen Weg insgemein
von einander getrennt wird, daher ist zu versuchen, ob er das
Glück haben könne, ein oder anderes Gallion zu erobern. Bevor nun die Silberflotte eingelaufen, oder er von uns andere
Ordre bekommt, soll er nicht vor sechs Monaten oder acht zurück-
kommen, es sei denn, daß die höchste Noth es erfordert und weil
in Amsterdam noch acht neue Capital-Schiffe für den König von
Spanien angefertigt werden, so soll er darauf Acht geben, zumal
sie nur schlecht bemannt sein sollen, und obschon einer, Maas
in Amsterdam, sothane Schiffe unter seinem Namen protegiret
und gleichsam als holländische passiren lassen will, so soll er sie

dennoch, weil sie Spanisch seien, wegnehmen, seine Escabre damit
verstärken und das Volk vertheilen. In Fall ihm einige Noth,
Unglück oder dergleichen zustoßen würde, soll er das Revier von
Lissabon zur Retraite nehmen, zu welchem Ende wir ein Requi-
sitionsschreiben an den Prinzen Don Pedro schicken. — Durch
den Sund soll er des Morgens mit dem Tage oder des Abends
gegen den Sonnenuntergang in der Stille ohne Angabe vorbei-
laufen, doch vorher ankern und die Flagge zeigen, damit man
ihn kennen möge, weil solches verabredet."

„Gegen alle Königlichen Schiffe in See oder auf der Rhede
soll er das Marssegel streichen und die Flagge nach Seegebrauch
von hinten wehen lassen, ausgenommen vor Partikulär oder
Holländische Kriegsschiffe, oder vor der Republik Venedig Schiffe,
als vor welcher Er die Flagge führen und nur die Brandenburgische Loosung, das ist drei Schüsse geben und sonst nichts
thun soll."

„Alle Sachen, welche ihm vorkommen, soll er de couvert
thun und am Kriegsrath alle Capitains, nebst dem Fiscal und
dem Kommandeur der Seesoldaten admittiren. Im Fall einige
Recontres vorgingen, soll er sie Bestens thun, Einer den Andern
nicht verlassen, sondern sich einander bis auf den Letzten helfen,
damit unser Respect auf's Beste conserviret werde, und wer einige
lacheté begehen würde, der soll sofort mit dem Tode bestraft
werden, und wird der Kommandeur autorisiret, zu Capitains zu
machen, welche es besser meritiren, ohne Ansehung der Person."

„So soll von allen Prisen die Briefe und die Documente
zu Unseres Raths und Schiffs-Directeurs Händen geliefert werden, damit man daraus die Liquidität oder Inliquidität sehen
könne."

„Alle Sachen, welche außer dieser Instruction vorkommen,
soll der Commandeur zu meinem Profit und Menage mit allen

Capitains überlegen, und die Vivres, welche Er inne hat, wohl menagiren. Den Soldaten soll er Schiffsarbeit lehren und mit der Zeit zu Matrosen machen, weil wir geneigt, selbige alle Zeit zur Marine zu gebrauchen."

Das Geschwader erfüllte die ihm gestellte Aufgabe nicht ganz; zwar kaperte es Schiffe und brachte deren Erlös mit 150,000 Thalern heim, zwar begegnete es der Silberflotte und versuchte muthvoll, ja tolldreist, den ungleichen Kampf gegen die zehnfache Macht der Spanier aufzunehmen; aber nach zweistündigem Gefecht war es genöthigt, sich zurückzuziehen und in einem portugisischen Hafen Schutz zu suchen, ohne wesentlichen Verlust, ja mit Gewinn an Ehre. Dies kühne Verfahren, dieser plötzliche Eintritt Brandenburgs in die Reihe der Seemächte erregte bei diesen unruhiges Erstaunen und reizte ihre Eifersucht so sehr, daß der Kurfürst, jetzt schon ein Greis, Bedenken trug, sie noch mehr zu reizen und dadurch sein Land, dem er die Segnungen des Friedens so mühsam errungen, den Wechselfällen des Krieges auszusetzen; er verzichtete daher auf die kühnen Pläne, die er gefaßt und vorbereitet und wandte seine ganze Kraft auf die langsamere, aber segensreichere Entwickelung einer Handelsflotte.

Sollte die aber, und dies Ziel gab er zu keiner Zeit auf, zugleich eine Pflanzschule werden für die Kriegsflotte, sollte sie Bedeutsamkeit für den Handel erlangen, so mußten unmittelbare Abzugsquellen für die vaterländischen Erzeugnisse, so mußten Kolonien erworben oder geschaffen werden. Für solche Pläne war Raule der rechte Mann; nicht als ob er in der Ehre oder dem Vortheile seines neuen Vaterlandes auch seine Ehre und seinen Vortheil gesucht hätte, dazu war er zu sehr Kaufmann, der nach Gewinn strebte, nach Geld und Geltung für sich; aber soweit sich mit dieser beengenden Rücksicht ein kühner Geist, ein weiter Gesichtskreis verträgt, soweit besaß er beide.

Sein Fürst nützte und schätzte ihn, das Letztere that noth gegen mancherlei Angriffe von Neidern und Feinden und da die Brandenburger immer noch nicht Muth fassen konnten zu großartigen Handelsunternehmungen, so gestattete er seinem Schützling, daß er sich mit einer seeländischen Gesellschaft verband und unter brandenburgischer Flagge Handelsverbindungen an der Westküste Afrika's aufsuchte. Während er für eigene Rechnung vier Schiffe, die Wolkensäule, den Windhund, das Eichhorn und die Fortuna nach anderen Himmelsgegenden aussandte, gingen zwei Schiffe, das Brandenburger Wappen und der Mohrian (Mohr) in Begleitung von zwanzig Brandenburgischen Kriegsknechten, befehligt vom Capitain Blanc im Juli des Jahres 1680 nach jener Küste, um europäische Waaren gegen.Gold, Elfenbein und Sclaven auszutauschen, denn der Handel mit diesen Letzteren galt damals für ebenso gesetzlich, sittlich und ehrenhaft als jeder andere; da dieselben aber in Europa kein recht gangbarer Artikel waren, sollten sie in Amerika, die anderen Waaren aber im Vaterlande verkauft werden.

Am 16. Mai 1681 landete Blanc zwischen Asien und dem Vorgebirge der drei Spitzen an der gedachten Küste und fand daselbst in dem Dorfe Acoba drei Negerhäuptlinge, denen er einige Geschenke machte, und die sich sogleich verpflichteten, nur mit Schiffen unter brandenburgischer Flagge zu handeln und dem Kurfürsten einen Platz zur Erbauung eines festen Platzes abzutreten, wogegen ihnen der brandenburgische Schutz zugesagt wurde.

Nachdem dieser Vertrag von beiden Theilen beschworen war, begann der Tauschhandel, der den Schiffen eine reiche Ladung von afrikanischen Landeserzeugnissen zuführte. Als sie mit denselben heimkehrten, erregten sie die Bewunderung der Handelswelt und fanden lebhafte Anerkennung bei dem Kurfürsten, der

zu Ehren dieser ersten überseeischen Handelsverbindung zwei
Medaillen schlagen und aus den mitgebrachten Goldkörnern sogenannte Schiffs-Ducaten prägen ließ, die noch heutigen Tages
eine ebenso seltene als gesuchte Zierde von Münzsammlungen sind.

Der günstige Erfolg lockte zur Wiederholung ähnlicher Unternehmungen; noch in demselben Jahre gingen dieselben Schiffe
und mit ihnen die Kriegsschiffe Kurprinz von 33 und Brandenburgischer Dragane von 30 Kanonen in See, um
den so vortheilhaft begonnenen Tauschhandel fortzusetzen; aber
die Holländer waren aufmerksam geworden, eifersüchtig auf ein
Geschäft, das bisher allein in ihrer Hand gewesen, rüsteten sie
Kaper aus, nahmen das Schiff Wappen von Brandenburg,
und gaben dasselbe erst nach jahrelangen Verhandlungen an die
Gesellschaft zurück, und eine geringe Entschädigung für die Ladung.

Solche Verluste, mehr noch die Besorgniß vor größeren,
minderten die Neigung der Kaufleute, ähnliche Geschäfte auf eigene
Hand fortzusetzen; der Kurfürst aber, der die Wichtigkeit des Unternehmens kannte, seine Einträglichkeit, verlockt durch Raule's Schilderungen, überschätzte, nahm die Gesellschaft unter kurfürstlichen Schutz,
gab ihr einen Freibrief auf dreißig Jahre, der sie berechtigte, mit
Ausschluß jedes andern, zwischen dem grünen Vorgebirge und
Angola Handel zu treiben, machte ihr aber aus Rücksicht auf
Holland dabei zur Pflicht, sich den Holländischen Plätzen auf
Afrika nicht zu nähern, auch deren Niederlassungen, so wie die
der andern europäischen Mächte zu vermeiden; zugleich versprach
der Kurfürst, eine Festung auf Guinea zu errichten, sie mit Geschütz und Mannschaft zu versehen und in Friedenszeiten den
Dienst von seinen Truppen leisten zu lassen, dagegen sollte
im Fall eines Krieges jeder waffenfähige Colonist zum Kriegs-
dienste verpflichtet sein. Allgemeine Wehrpflicht! —

Ein Anfang, der im Mutterlande erst anderthalb Jahrhunderte später Nachfolge fand. —

Die Verwaltung der Colonie wurde einem Rathscollegium übertragen, das aus vier sogenannten Befindhabern bestand, (die nach Befinden handelten) ihnen präsidirte ein vom Kurfürsten ernannter Minister. Der Fürst betheiligte sich mit 8000 Thalern, Raule mit 20,000 Thalern an der Unternehmung. Ihr Aufschwung war ein so rascher, daß sie schon sechs Jahre darauf nachdem das erste Schiff unter Segel gegangen, deren dreißig in's Meer schickte, diejenigen Schiffe mit eingerechnet, die ausschließlich für den Kurfürstlichen Dienst bestimmt waren; unter den letzteren befanden sich: Friedrich Wilhelm zu Pferde von 50, Dorothea von 40, Der Markgraf von Brandenburg von 40, der rothe Löwe von 32, der Fuchs von 20, der Rummelpot und der Litthauer Bauer, jedes von 8, der Salamander und der St. Peter, jedes von 6 Kanonen. Im Seedienst wurden zwölf Schiffsbauleute, zwölf Schiffslieutenants, hundert Bootsknechte und funfzig Schiffszimmerleute unterhalten; der ganze Aufwand für den Seedienst war auf 3800 Thaler monatlich berechnet.

Im zweiten Jahre, nachdem die Verbindung mit den Eingeborenen der Guineischen Küste angeknüpft worden, sandte der Kurfürst die Schiffe Kurfürst und Mohrian unter Führung der Capitaine Voß und Blanc, um mit den Häuptlingen, mit denen der letztere unterhandelt, einen schriftlichen Vertrag abzuschließen und sodann eine Festung zum Schutz der Ansiedelung zu erbauen. Zum Abschluß dieses Vertrages und zum Abschließen fernerer, bevollmächtigte er den Major Otto Friedrich von der Gröben, den er zugleich zum Gouverneur der anderen Colonien ernannte. Die Wahl dieses Mannes war eine sehr glückliche. Gröben, streng erzogen und in der Kindheit schon an Entbeh-

10

rungen jeder Art gewöhnt, hatte aus Neigung längere Seereisen
gemacht und war dadurch mit den Sitten und Gebräuchen un-
cultivirter Länder vertraut geworden; zu der ihm eigenthümlichen
Furchtlosigkeit kam eine durch mannigfache Erfahrungen ausge-
bildete Geistesgegenwart und unerschütterliche Besonnenheit, die
ihn zu der ihm übertragenen Stellung ganz besonders geeignet
machte. Auch hier zeigte sich der Scharfblick des Kurfürsten, der
stets die rechten Mittel und die rechten Männer zu finden wußte.

Nachdem Gröben die Küste von Guinea erreicht und daselbst
gelandet, boten ihm Neger Goldkörner an, die er von ihnen ein-
tauschte; sobald der holländische Gouverneur das erfuhr, sandte
er ihm eine Deputation, die ihm das untersagte, und ihm befahl, sich mit seinen Schiffen wegzupacken; sonst würde der Gouverneur sich „seiner natürlichen Mittel" bedienen und die Schiffe
mit Gewalt von dannen treiben. Gröben erwiderte, sein Herr
wäre der Kurfürst von Brandenburg, dem allein hätte er zu ge-
horchen, und da der Gouverneur sich Herr von der ganzen Küste
nenne, so möge er doch seinen Unterthanen den Handel mit ihm,
Gröben, verbieten, wolle sich aber der Gouverneur seiner natürlichen Mittel bedienen, so würde auch Gröben sich seiner natürlichen Mittel bedienen. Hierauf ließ er die Deputation sehr
höflich und reichlich tractiren, nachdem sie aber das Schiff verlassen hatte, aus allen Gewehren und Geschützen scharf feuern,
um anzudeuten, daß er bereit wäre, jedem Angriff entschlossen
zu begegnen. Am folgenden Tage kam ein holländisches Schleich-
händlerschiff und legte sich dem Gröben'schen gegenüber, das sich
kampffertig machte.

Da erschien die gestrige Deputation und bat Gröben sehr
artig, er möge doch das Schiff nehmen, ihnen übergeben, und
dafür die Beute mit ihnen theilen. Gröben erwiderte, er sei
bereit, ihnen Beistand zu leisten, aber von der Beute werde er

nicht das Geringste annehmen. Darauf wurde Jagd gemacht auf das Schiff, das den Angriff nicht abwartete, sondern eiligst die Flucht ergriff und, begünstigt durch seine leichtere Bauart, bald aus dem Gesichtskreise kam.

Der Gouverneur ließ nun für den geleisteten Beistand sehr höflichen Dank sagen und gab Gröben schriftliche Vollmacht, sich aller holländischen Schleichhändlerschiffe zu bemächtigen. Einige Tage später bemerkte Gröben ein Schiff der holländischen Compagnie, er fuhr in einer Schluppe an dasselbe heran, hörte, daß der Capitän sich in einer Festung an der Küste beim Festungs-Commandanten befände, ließ sich dahin rudern und verlangte, den Capitain zu sprechen. Dieser sowohl als der Commandant waren sehr erstaunt, daß Gröben sich unterfinge, die Festung zu betreten, er aber zeigte ihnen seine Vollmacht, die ihn berechtigte, die Papiere sämmtlicher holländischen Schiffe zu untersuchen, worauf der Capitain verwundert, aber höflich sich fügte.

Gröben erhielt oft Besuche von Eingeborenen, so kam auch einer, der sich einen König nannte, zu ihm, der sagte: „Ich heiße Peter, wie heißt Du?" Gröben meinte, er müsse sein Ansehen behaupten und dürfe daher keinen geringeren Namen führen; er erwiderte also: „Ich heiße auch Peter!" Der schwarze Peter aber war so wenig eifersüchtig auf seinen Namen, daß er freundlich erwiderte: „Ich Peter, Du Peter, also beide Peter, müssen uns lieb haben wie Brüder." Nachdem er reichlich tractirt worden war, schied er mit vielen Freundschaftsversicherungen, Gröben aber segelte weiter, um nach einem Punkte zu forschen, der sich zur Anlage einer Festung eigne. Er fand einen dazu besonders günstig gelegenen bei dem Dorfe Acoda, das sich durch seine schöne Lage und durch viele ganz neu erbaute Hütten auszeichnete. Es gelang ihm, das anfängliche Mißtrauen der Eingeborenen durch freundliches Betragen und einige Geschenke zu

überwinden, so daß sie bald zutraulich wurden und die Einwilligung zum Aufbau eines Forts gaben. Er lud nun acht von
ihnen ein, an Bord des Schiffes zu kommen, um das Nähere
mit ihnen zu verabreden und schickte zur Sicherheit, daß er sie
nicht als Gefangene fortführen wolle, seine beiden Schreiber, die
als Geißeln zurückbleiben sollten, bis die acht wieder heimge-
kehrt wären.

Darauf schloß er einen Vertrag mit ihnen ab, aber vorsichtiger-
weise erst mündlich und vorläufig, um für den Fall einer günsti-
geren Gelegenheit freie Hand zu behalten. Die Eingeborenen
hatten an Bord der reichlichen Bewirthung ungenöthigt so sehr
zugesprochen, daß sie an Stricken gebunden in die Boote herunter-
gelassen werden mußten, doch hinderte sie dieser Zustand nicht
an der Erklärung, daß sie das Schiff nicht unbeschenkt verlassen
würden. Ihrem Verlangen wurde entsprochen, ihnen auch ein
silberner Degen, als Pfand, daß man wiederkehren wolle, gegeben
und neue Anstalt getroffen zum Weitersegeln. Während dessen
kam ein holländischer Kaufmann, der Gröben von früher her
kannte mit seiner ganzen Familie und einem großen Trosse von
Dienern und Eingeborenen in vielen Kähnen herangerudert und
stieg an's Land. Auf Gröben's Frage, was er vorhabe, erwie-
derte er, er sei vom Gouverneur geschickt, um künftig in Acoba
zu wohnen, weswegen er auch die Hütten da zu seinem Aufenthalte hätte herstellen lassen, bis er eine anständige Wohnung gebaut habe; der ihn begleitende Negerhäuptling habe ihn zu diesem
Zweck abgeholt. Darauf begab sich der Kaufmann in das Dorf
und pflanzte zum Zeichen der Besitzergreifung eine mitgebrachte
holländische Flagge auf das Dach eines Hauses.

Gröben kehrte sogleich um und machte den Negern Vorwürfe über ihre Treulosigkeit. Sie schienen darüber gar nicht
betroffen zu sein, sondern baten Gröben sehr freundlich, er möge

doch bei ihnen bleiben, sie wollten ihm eine kleine Halbinsel als Eigenthum übergeben, er könne ja mit den Holländern gemeinschaftliche Sache machen. Dazu hatte er weder Auftrag noch Neigung, kehrte ihnen daher den Rücken und segelte weiter, um diejenigen Neger aufzusuchen, mit denen der Mohrian vor zwei Jahren Verbindungen angeknüpft hatte.

Das Aufsuchen war nicht leicht.

Er landete auf gut Glück, fand aber ungeachtet langen Umherschweifens kein lebendiges Wesen, aber wohl Spuren von zerstörten Wohnungen und anderen Gewaltthätigkeiten, und als er endlich auf Eingeborene stieß, hörte er von ihnen, daß dies die Gegend sei, mit deren Bewohnern Blanc vor 2 Jahren in Verbindung getreten war; doch werde er schwerlich einen von ihnen am Leben finden, sie seien sämmtlich in einer Fehde gefallen, die sie mit ihren Nachbarn geführt. So wenig einladend die Nachricht war, so sehr schien es die Gegend zu sein, und als bei näherer Untersuchung sich der Schein bestätigte, als ein naher Berg sich ganz besonders günstig zur Anlage einer Festung erwies, beschloß Gröben, die neue Ansiedelung hier auszuführen und zog, während die Schiffskanonen gelöst wurden, mit der ganzen Mannschaft unter Schalmeienklang und Paukenwirbel an's Land. Die durch die ungewohnten Klänge herbeigelockten Neger waren sehr freundlich und zu allen Hülfeleistungen bereit. Dadurch wurde es möglich, sechs Kanonen auf den Berg zu schaffen.

Nachdem dies geschehen, theilte ihnen Gröben seine Absicht mit. Nach kurzer Erörterung gaben sie ihre Einwilligung. Darauf ließ Gröben die große brandenburgische Flagge unter klingendem Spiel vom Schiff holen, ließ sie von der Mannschaft militärisch begrüßen und auf dem Gipfel des Berges an einem hohen Flaggenstock aufziehen, während vom Lande und

ben Schiffen her die Kanonen donnerten. Diese feierliche Besitzergreifung erfolgte am Neujahrstage des Jahres 1683. Am
andern Morgen ließ Gröben ein großes Zelt für sich auf dem
Berge aufschlagen, nöthigte einige Häuptlinge in dasselbe hinein
und fragte sie feierlich, ob sie dem Kurfürsten Treue geloben
wollten. Sie erwiderten darauf, daß er nicht daran zweifeln
möge, dafern er mit ihnen Fetesie saufen wolle, daß der Kurfürst
es gleichfalls treu mit ihnen meine, sie nie verlassen und sie
wider ihre Feinde vertheidigen wolle.

Als Gröben sich bereit erklärte, wurde Branntwein mit
Schießpulver gemischt, er mußte mit ihnen trinken; mit dem
schwarzen Bodensatz aber wurde den geringeren Negern die Zunge
beschmiert, damit auch sie treu blieben. Nun wurde der Bau
der Festung begonnen; die Neger erwiesen sich dabei als treue
Bundesgenossen, indem sie unentgeltlich und unermüdlich nach
der ihnen ertheilten Anweisung Baumstämme fällten, Pallisaden
daraus bildeten und heranschleppten. Nachdem der Berg durch
dieselben eingefaßt war, gab Gröben ihm den Namen: „Großer
Friedrichsberg," um, wie er sagte, damit anzudeuten, daß Sr.
Kurfürstlichen Durchlaucht Namen vor aller Welt groß sei.

Während des Baues kam ein Holländer mit einer holländischen Flagge in der Hand vollen Laufes auf die Festung zu;
er war beauftragt von dem Oberkaufmann (Vorsteher der holländischen Niederlassung Axim) jene Flagge auf dem Berge auf-
zupflanzen; als er aber die brandenburgische darauf erblickte,
kehrte er bedächtig um und ging eben so langsam zurück, als er
rasch hergekommen war. Um sich indessen für die Zukunft sicher
zu stellen, ließ Gröben das mit den Häuptlingen getroffene Ab-
kommen schriftlich bestätigen. Der Berg wurde ihnen förmlich
abgekauft und darauf Fetesie von ihnen getrunken, unter der
brandenburger Flagge zu leben und zu sterben, wobei der älteste

Häuptling sagte: „Breche ich meinen Eid, so lasse mich der große Monarch augenblicklich sterben!"

Hierauf forderte er Gröben auf, er möge auch Fetesie trinken, daß er sie in keiner Noth verlassen, ihnen Weib und Kind nicht wegnehmen oder verkaufen, sie auch gegen die holländische Compagnie vertheidigen wolle.

Als Gröben das zugesagt, den Fall ausgenommen, wenn sie den Holländern Ursache geben oder sie bestehlen sollten, steckte ihm der Aelteste einen Löffel mit Branntwein, Wermuth-Extract und Violensaft in den Hals, daß er, wie er versicherte, sechs Wochen dran genug hatte. Damit war das Geschäft abgemacht.

Am folgenden Tage kam ein langer Zug von Axim her anmarschirt, an dessen Spitze 2 Fahnen und der Vorsteher von Axim, der sich bei Gröben melden ließ. Dieser ließ ihm sagen, er solle ihm willkommen sein, sein Volk und seine Fahnen aber möge er unten lassen, der Berg könne nicht mehr als e i n e Fahne leiden.

Darauf kam der Herr Vorsteher im feierlichen Schritt anmarschirt, er trug nach Gröbens wörtlicher Beschreibung: „einen rothen Scharlachenen Rock mit durchbrochenen silbernen Knöpffen auff der Schulter habende einen großen Pusch Band wie auch den Hut und Degen, wie die alten Feder Fechter zu tragen pflegen. Unten hatte er ein leberfarbenes Kammisol, nachmals ein blau paar Tafftene Hosen, ein grün langes Degen-Gehenk mit einem Leibfarbenen gewirketen Gürtel umbgürtet. Die Schue waren gestickt und die Strümpffe von weißer Seide; Hinter ihm gingen seine 2 Assistenten fast in gleicher Liberey. Darauff folgten 8 Schwarzen, so auf ausgehöleten kleinen Elephanten-Zähnen eine seltsame Music machten, in welche Harmonie ein Kerl auf einer kleinen Drommel, mit einem krummen Haken darein schlug. Da ich ihn in das Fort genöthiget, ließ er sich durch einen Schwartzen

entkleiden, damit wir die gülbene Knöpffe, so er im Hembe und
Hosen trug auch zu sehen bekämen", sprach bann dem ihm vor=
gesetzten Wein mit großem Behagen zu und erhob hierauf feier=
lich Protest gegen die Niederlassung der Brandenburger. Gröben
erwiderte trocken: Wolle er protestiren, so möge er das in Ber=
lin thun, wolle er aber Gewalt brauchen, so würde man Gewalt
entgegensetzen, worauf der Holländer kein Wort erwiderte, dem
Wein von Neuem reichlich zusprach und sich bann eben so lang=
sam und feierlich entfernte, als er gekommen.

Während der nächsten 8 Tage war Alles ruhig, und schon
glaubte man, die Holländer wollten sich die neue Niederlassung ge=
fallen lassen, als sich das Gerücht verbreitete, sie hätten entfernt
wohnende Negerstämme aufgewiegelt, welche in der Stärke von
3000 Mann herangezogen kämen, um sich des Berges zu be=
mächtigen, und wirklich kamen die verbündeten Neger geflüchtet
und baten um den verheißenen Schutz.

Gröben sagte ihnen den mit anscheinender Ruhe zu, boch
war ihm im Herzen selbst nicht ganz wohl zu Muthe; er hatte
kaum 50 Waffenfähige, denn ihn, wie den größten Theil seiner
Leute, hatte die Seuche des Landes auf das Krankenlager gewor=
fen, die verbündeten Neger zählten aber nur etwa 200 erwach=
sene Männer; bennoch raffte sich Gröben vom Krankenlager auf,
setzte Alles in Vertheidigungszustand und erwartete die anstür=
mende Schaar, die in der Stärke von etwa 2000 Mann mit gewal=
tigem Schreien und ununterbrochenem Gewehrfeuer heranstürzte.

Gröben verbot, das Gewehrfeuer zu erwidern, als die Schaar
aber bicht heran gekommen war, ließ er mit einer sechspfündigen
Kanone in den dichtesten Haufen schießen. Da kehrten die An=
greifer plötzlich um, liefen in eiliger Flucht nach den Wäldern
und ließen sich nicht wiedersehen.

Der Krieg war beendet, „denn die Mohren," sagt Gröben
naiv, „können das grobe Geschütz nicht vertragen."

So war nun die Besitznahme vollzogen, und wie es schien,
vor der Hand auch gesichert, der Besitz selbst war freilich weder
groß, noch glänzend.

Wie gering der Muth der Bewohner, haben wir eben gesehen, wie gering ihre Habe, geht aus einer Aeußerung Gröben's
hervor, der bei einem Besuche, den er einem Häuptling abstat-
tete, den Werth des Hauses, in dem er aufgenommen wurde,
auf 2 Groschen, den des Hausraths aber auf 3 Groschen ab-
schätzte.

Von dem bei dieser Gelegenheit stattgefundenen Gastmahle,
das aus einem Huhn mit Reis bestand, macht er folgende Beschreibung: „Ich setzte mich mit dem Schiffs-Capitain und einem
Ingenieur zur Tafel, eines jeden Seite bekleideten ein Paar
schwarze Damen, rund umher war das Häuschen ganz voll mit
Mohren erfüllet, deren Beisein einen trefflichen Geruch verursachte, indem einige nach Schweiß wie die Böcke, andere mit ihren
Würmern in den Beinen sehr annehmlich rochen, so ein herrliches Re-
medium war, uns Appetit zu verschaffen. Darauf kame das schwarze
Oberhaupt, steckte alle Finger in die Schüssel und kostete damit die
Suppe, daß wir uns keiner Vergiftung zu befürchten hätten; ich
stund in Zweifel, ob ich meine Augen an dem anmuthigen Frauen-
zimmer oder meinen Magen an dem apetitlichen Huhn sättigen
sollte. Ich hätte bei diesem Gastmahle fast das Rareste zu melden vergessen, nämlich den compendiösen Tischapparat, welcher
alle aus einer Materie bestand, als aus der Erden; denn unser
Tisch, Schüssel, Teller, Löffel, Tischtuch und Bank alles Erde
war. Hierbei kann ich nicht unterlassen, zu melden die Freigebigkeit der Schwarzen, wenn ich sie beschenket oder ihnen etwas
versprochen, alsbann fuhren sie behende an die Erde, ergriffen

ein Stückchen Holz oder Erde, oder was sie bekommen konnten,
und steckten es mir zum Zeichen der Dankbarkeit in die Hand.
Wenn sie ein Huhn oder Schüssel Reis brachten, wollte ich mich
auch ihrer Mode bedienen, aber es wollte nicht passiren, denn
ihre Meinung war, dieser Gebrauch wäre allein bei den Schwarzen und nicht bei den Weißen."

Fast kein Tag verging, an dem nicht Negerhäuptlinge Besuche in der neuen Festung abstatteten, viele von ihnen ließen
sich in der nächsten Umgebung nieder, indem sie Hütten für sich
und ihre Familien erbauten. Diese Huldigung schmeichelte dem
Stolz der Brandenburger, aber mehr noch der Gruß, den bald
darauf ihre Flagge durch die Kanonenschüsse eines englischen
Schiffes erhielt, das in der Nähe von Friedrichsberg Anker warf;
es war der erste Gruß und die erste Anerkennung einer europäischen Macht, welcher der Afrikanischen Niederlassung dargebracht
wurde.

Gröben schickte sich nun zur Heimreise an, bevor er sie aber
antrat, wurde er eines Nachts im Schlafe geweckt und ihm gemeldet, daß eine heimliche Gesandtschaft angekommen, die ihn zu
sprechen wünsche. Gröben erzählt: „Weil aber den Schwarzen
nicht allerdings zu trauen, fürnehmlich des Nachts, da ich mir
die Ursache solcher nächtlichen Visite nicht einbilden konnte, war
erstlich bei mir keine Audienz zu erlangen. Als sie mir aber
keine Ruhe ließen, nahm ich mir ein Paar Pistolen unter den
Rock und ließ sie für mich. Da erkannte ich sie für Einwohner
von Acoba, die mich persuadiren wollten, unsern Berg zu verlassen und bei ihnen vorzubauen. Ich bestrafte dann ihre erste an
uns bewiesene Untreue, da sprach der Gesandte: Herr, siehe, hier
bin ich ein Capiszir (Häuptling), dieser ist mein Bruder, da ist
dessen Frau, und da ist sein Kind, die laß ich dir zu Geißeln,
begehen wir eine Untreue an dir, so thue, was dir gefällt. Ich

beschied sie auf den andern Tag zu mir, weil ich vorher darüber Rath halten mußte, welches geschehen solle. Darnach bekamen sie zur Antwort: sie möchten sich patientiren, bis wir (wills Gott) auf's Jahr mit unsern Schiffen wiederkommen, alsdann könnten wir ausführlicher sehen, was bei der Sache zu thun wäre, welche Antwort sie nicht gar verzweifelnd, aber doch mit schlechter Hoffnung weggehend machte."

Man sieht,' Gröben konnte eben so diplomatisch vorsichtig, als militairisch entschlossen sein.

Von den Gebräuchen der Neger theilt er folgende Züge mit: „Sie verkaufen nicht allein ihre Gefangenen, sondern auch ihre Weiber und Kinder, denn sie halten ihre Frauen gleich den Hunden und heirathen so viel, als sie bezahlen können. Weil nun der Preis gering, nimmt ein Schwarzer auch viel Weiber, denn er kann eine von ihren Eltern um einen Ochsen oder ein Paar Ziegenböcke kaufen. Selbiger Ochs wird öffentlich gebraten, die Freunde werden von beiden Seiten berufen, welche sich hie und da ein Stück von dem halbrohen Braten abschneiden, es mit den Zähnen von einanderreißen, daß das Blut davon den nackten Leib herunterrinnt. Dabei jauchzen und schreien und tanzen sie durcheinander, wie unsinnige Leute. Wenn einer abstirbt, der einigen Reichthum hinterläßt, so hat des Verstorbenen nächster Freund das erste Recht dazu; dieser, wenn er erben will, muß er sein Leben des Verstorbenen ältesten Frau in Discretion stellen, derselben ein großes Messer in die Hand geben, vor ihr niederknien und den bloßen Hals darstrecken. Begehret das Weib selbst die Güter zu erben, so hat sie Macht, dem Freunde den Hals mit drei Streichen abzuschlagen, behält zwar darauf die Güter, muß aber mit Schanden in der Gemeine leben. Liebt hingegen dies Weib die Ehre, so schlägt sie den Freund mit der Flanche in den Nacken und läßt ihn leben. Alsdann giebt ihr

der Freund von der Verlassenschaft einen geringen Aufenthalt
und das Weib bleibt ehrlich. (Ich wollte mich wohl erkühnet
haben, den günstigen Leser zu fragen, ob es rathsam, unser Leben
in der Frauen Discretion zu stellen? Ich erachte aber, der Geiz
wird bei so manchen so viel wirken, daß sie aus dessen Liebe allen
Freunden den Hals abschlügen. Doch verstehe ich allhier nur die
geizigen Frauen.) Wenn der Mann gestorben und mit großem
Geschrei in die Erde gebracht, beweinen ihn die Weiber 5 bis 6
Tage lang. Unter währender Trauer werden sie von den Verwandten besucht und kommen oft über hundert Frauen zusammen,
so unter einander ein seltsames Geheul machen. Nach den Trauer-
tagen kommen die anderen Freunde, beschenken die Leidtragenden
mit güldenen Ringen, bunten Tüchern, so sie um die Lenden binden und dergleichen. Der Freund, dem das Leben geschenket,
besucht seine Wohlthäterin auch, verehrt ihr einige Ringe, Klei-
der, auch wohl gar einen Elephantenschwanz, den sie aber mit
weißem oder gelbem Tuche benähen; das Uebrige bestreichen sie
mit Oel und poliren den Schwanz so schwarz, daß er wie ein
Spiegel glänzt. Nachmals hängen sie denselben zur Pracht an
den Hals und wehren sich damit die Fliegen. Diese Schwänze
werden von der Zahnküste gebracht und gilt hernach einer an die
10 Ducaten. Ihrer viel tragen sie zur Pracht an ihrem Ge-
wehr, denn sie sind sehr rar auf der Goldküste.“

Gröben übergab das Fort, sobald es sich im Vertheidigungs-
Zustande befand, dem Capitain Blanc, stellte die ganze Niederlassung unter dessen Befehl und kehrte nach Europa zurück, um
dem Kurfürsten Rechenschaft zu geben von der Ausführung des
ihm ertheilten Auftrages. Dieser vernahm den Bericht über die
Besitzergreifung der Küstenstrecke und über den Bau der Festung
mit großer Genugthuung und regalirte (wie Gröben sich aus-
drückt) den Ueberbringer so günstiger Nachricht mit den Amts-

hauptmannschaften Marienwerder und Riesenburg. Er armirte die Anfangs nur mit 6 Kanonen versehenen Wälle von Groß-Friedrichsburg (so wurde es jetzt genannt) mit 46 Geschützen, verstärkte verhältnißmäßig die Besatzung und begünstigte die Anlage neuer Niederlassungen, denn Gröben's Versprechen gemäß wurden im nächsten Jahre die Bewohner von Acoba aufgesucht, mit ihnen ein Bündniß geschlossen und ihnen ein Stück Landes abgekauft, auf dem eine Schanze (die Dorotheenschanze) angelegt und auf derselben ein Wohnhaus mit Vorrathskammern gebaut wurde, zu gleicher Zeit ließ er auf dem Vorgebirge der drei Spitzen ein kleines Fort errichten.

Die Neger sandten im nächsten Jahre Einen aus ihrer Mitte nach Berlin, um die geschlossenen Verträge feierlich zu erneuern und sich eidlich zu verpflichten, keine andere Oberherrschaft anzuerkennen, als die Brandenburgische, sich auch mit keiner andern Gesellschaft, als mit der Brandenburgischen, in Handelsverbindungen einzulassen. Der schwarze Gesandte wurde sehr huldreich aufgenommen, was Hof und Hauptstadt irgend Prächtiges und Sehenswerthes bot, wurde vor ihm entfaltet, um ihm eine hohe Meinung von der Macht und dem Reichthum Brandenburgs zu geben, und er mit kostbaren Geschenken in seine Heimath entlassen. Den Holländern war die Niederlassung der Brandenburger auf einem Gebiet, auf dem sie bisher allein und ungestört verkehrt hatten, sehr verdrießlich, sie versuchten mit Protesten und Chikanen den Ankömmlingen den Aufenthalt zu verleiden, sie erreichten aber ihren Endzweck nicht, vielmehr schlossen sich die Neger immer zahlreicher und näher an die Brandenburgische Schutzherrschaft an.

Die Ehrenhaftigkeit des Kurfürsten erzwang selbst die Anerkennung der Wilden, sie rühmten von ihm, daß der große Monarch, wie sie ihn nannten, ihr wirklicher Schirmherr wäre,

bei dem sie sichern Schutz fänden gegen alle feindlichen Angriffe,
während die Holländer in der Friedenszeit die Schutzbefohlenen
auszubeuten suchten, wenn aber ein Krieg ausbrach, sie theilnahm-
los ihrem Schicksal überließen. Daß auf solche Weise der Brandenburgische Name und die Deutsche Treue auch selbst unter den
Negern anerkannt wurde, war eine schöne, aber beinahe die einzige
Frucht der Niederlassung, denn die goldenen Früchte, die Raule
dem Churfürsten, und welche die Gesellschaft sich selbst von der
neuen Colonie versprochen hatte, blieben leider aus, obgleich ein
neuer unerwarteter Bundesgenosse die Mittel und die Thatkraft
der Gesellschaft bedeutend erhöhte.

Brandenburgs Handel war ungeachtet aller Anstrengungen
des Kurfürsten ein Kleinhandel, die Kriegsflotte ein Anhängsel
der Krämerflotte geblieben, das hatte seinen Grund nicht allein
in dem geringen Umfang von Macht, Zeit und Mitteln, die bisher darauf verwendet worden waren und verwendet werden konnten, es lag zum großen Theil in der geographischen Lage des Landes.
Die einzigen Häfen von einiger Bedeutung, der Königsberger und
der Pillauer, waren fast während der Hälfte des Jahres durch
Eis versperrt, auch eigneten sie sich vermöge ihrer Abgelegenheit
wenig zu Kriegs= und Handelshäfen. Dazu kam, daß alle
Schifffahrt von dort aus nur durch den Sund betrieben werden
konnte und daher durch den theuren Sundzoll sehr kostspielig,
überdies völlig abhängig von der unsichern Gunst der Dänischen
Regierung war. Der Besitz eines Hafens in der Nordsee war
deshalb höchst erwünscht und bereitwilligst ging der Kurfürst auf
die Bitte der Ostfriesischen Stände und der Stadt Emden ein,
ihnen seine bewaffnete Vermittelung zu gewähren, denn die Stadt
und Stände glaubten sich von ihrer Fürstin Christine Charlotte,
die im Namen ihres minorennen Sohnes regierte, beeinträchtigt,
und baten den Kurfürsten um Besatzung für die Stadt Emden

und ihren vortrefflichen Hafen, so wie für das Küstenkastell Gret=
seel. Der Kurfürst knüpfte an die Bewilligung dieses Gesuchs
die Bedingung einer Handelsverbindung, welche den Ostfriesen
nur leichte Opfer auferlegte, ihnen aber das Recht gab, unter
brandenburgischer Flagge Schifffahrt zu treiben und den Schutz
der Brandenburgischen Kriegsflotte beanspruchen zu dürfen. Die
Ostfriesen gingen darauf ein. Ihnen zu Liebe wurde der
Sitz der Afrikanischen Handelsgesellschaft, an der sie sich mit
einem Beitrage von 28,000 Thalern betheiligten, von Pillau
nach Emden verlegt und zugleich die Trennung der Kriegsmarine
von der Handelsmarine verfügt, um durch die Selbstständigkeit
der erstern den zugesagten Schutz desto sicherer durchführen zu
können.

Der Kurfürst kaufte deshalb seinem General=Marine=Di=
rector Raule neun Schiffe mit 250 Kanonen für 109,000 Tha=
ler ab, und ernannte als oberste Behörde für diese jetzt selbst=
ständige Kriegsflotte eine eigene Admiralität. Unter ihr standen
nicht allein jene erkauften Schiffe, sondern auch das von den
Spaniern eroberte und für den Brandenburgischen Dienst ein=
gerichtete Kriegsschiff Carolus II. von 50 Kanonen, so wie auch
16 andere Schiffe, die Raule stets zum Dienst bereit halten
mußte, und es konnten mithin erforderlichen Falls 26 Kriegs=
schiffe in See gehen.

Das geschah im Jahre 1684, welcher Zeitpunkt
als die höchste Blüthe der Brandenburgischen Ma=
rine betrachtet werden darf.

Es grenzt an's Unglaubliche, daß die Entfaltung einer sol=
chen Seemacht von einem Staate ausgehen konnte, der wenige
Jahre vorher noch kein Boot besaß und der überdies durch Krieg,
Pest und die frühere schwache und schwankende Regierung um
alle Hülfsmittel und um alles Ansehn gekommen war. Ein sol=

cher Aufschwung steht ohne Gleichen in der Geschichte aller Völker da; solch ein Riesenfortschritt konnte nur durch den Riesen=
geist Friedrich Wilhelms errungen, ja erzwungen werden; aber
selbst diesem Geiste war es nicht möglich gewesen, den spieß-
bürgerlichen Seelen seines Kaufmannsstandes Muth und Kraft
einzuflößen.

Vergeblich versuchte er eine Brandenburgisch=Ostindische Handelsgesellschaft zu stiften; er fand keine Theilnehmer. Da wandte
er sich nach dem Auslande; er gab seinem Gesandten in London
Auftrag, Englische Kaufleute in's Land und nach Emden zu ziehen
und mit ihnen zu versuchen, was mit den Landeskindern nicht
geglückt war, aber nur Abenteurer und Schwindler meldeten sich,
solide und wohlhabende Kaufleute zeigten keine Neigung, ihr Vaterland zu verlassen, das damals schon begann, sich des Welt-
handels zu bemächtigen, und dessen fest begründeter Verkehr ihnen
reicheren Gewinn versprach als die ungewisse Zukunft des jungen
schwankenden; so beschränkte sich die Theilnahme der Engländer
größtentheils darauf, daß sie Schleichhandel unter Brandenburgischer Flagge zu treiben versuchten und sie dadurch in Verruf
brachten. Auf Raule ruht der Verdacht, daß er, von Eifersucht
getrieben, selbst der Theilnahme von Ausländern im Geheimen
entgegengewirkt habe.

Bei diesen mannigfachen vereitelten Plänen war es dem
Kurfürsten ein Trost, daß von der Afrikanischen Küste her dringende Aufforderungen verschiedener Negerstämme an ihn gerichtet wurden, auch mit ihnen Verbindungen anzuknüpfen, denn
es lag darin ein ihm wohlthuendes Zeugniß über die Art,
in der die Brandenburgische Schutzherrschaft von Groß=Frie-
drichsburg ausgeübt wurde, und er säumte nicht, der Aufforderung
zu genügen; er baute außer der sogenannten Dorotheen=Schanze

ein mit Geschütz armirtes Blockhaus bei Tracama und übernahm die ihm angebotene Oberherrschaft über den ganzen Küstenstrich.

Seine Colonieen lagen ihm so sehr am Herzen, daß er sich vornahm, sie persönlich zu besichtigen, und schon waren die Vorbereitungen zur Seereise getroffen, als politische Verwickelungen, welche mit der Gefährdung seiner clevischen Lande drohten, ihn daran verhinderten. Doch strebte er unausgesetzt, neue Verbindungen anzuknüpfen und neue Hülfsmittel aufzusuchen.

Er schloß mit Dänemark einen Vertrag, der den Brandenburgern Ansiedelungen auf der dänischen Insel St. Thomas, ja sogar Besatzungsrecht gestattete, nur sollte die Mannschaft unter dem allgemeinen Befehl des dänischen Oberbefehlshabers stehen. Wenn auch hier die Einträglichkeit den gehegten Erwartungen nicht entsprach, so mindert sich das Bedauern darüber durch die Betrachtung, daß fast der ganze Verkehr daselbst sich auf Sclavenhandel beschränkte.

Der Kurfürst war bei den geringen Geldmitteln, die ihm zu Gebote standen, genöthigt, auf raschen Ersatz der auf die Flotte verwendeten Kosten zu denken, ebenso natürlich war es, daß die Mitglieder der Handelsgesellschaften, die ja nur um des Gewinnes willen den Unternehmungen beigetreten waren, den höchsten und schnellsten zu ziehen suchten.

Das eifrige Verlangen nach Gewinn erzeugte Unzufriedenheit, wenn es eine Zeit lang unbefriedigt blieb, es hinderte die Stätigkeit, die bei jedem Unternehmen Noth thut, das dauernde Frucht bringen soll, es trieb zu immer neuen gewagteren Plänen und erzeugte Vernachlässigung der bereits in's Werk gesetzten. Darunter litt auch die kaum geschaffene Kriegsmarine.

Die Ostfriesen, damals wie noch heut, vortreffliche Rechner, ließen sich weniger als die Brandenburger von den künstlichen Beweisen hohen Ertrages kirren, die Raule meisterhaft zu

11

führen verstand, sie wurden ihm dadurch unbequem und er bewog
den Kurfürsten, der ihn wohl durchschaute, den gewandten unter=
nehmenden Geist aber erkannte und benutzte, daß derselbe die
Ostfriesischen Antheile der Handelsgesellschaft an sich kaufte, wo=
bei indessen den Ostfriesen das Recht verblieb, unter branden=
burgischer Flagge Schifffahrt zu treiben.   Durch diesen Ankauf
wurde die Verwaltung der Marine und der Flotte wieder ver=
einigt, und Raule, der durch die Trennung um den größten Theil
seines frühern Einflusses gekommen war, erhielt ihn ungetheilt
zurück.   Er benutzte ihn zu immer größeren, gewagteren Unter=
nehmungen, und damit es an den Mitteln hierzu nicht fehle,
bewog er den Kurfürsten, die Kosten, welche bisher auf die Afri=
kanischen Niederlassungen gewendet worden waren, immer mehr
und mehr zu beschränken; die Besatzung von Groß=Friedrichsburg
wurde jetzt auf einen Befehlshaber, drei Feldwebel und sieben Ge=
meine, die von Acoba und Tracama auf zwei und vier Mann
beschränkt, dagegen wurde auf der Südküste von Afrika, zwischen
dem weißen und grünen Vorgebirge, eine neue Festung erbaut
auf dem Gebiete des Mohrenkönigreichs Arguin, dessen Fürst
Hedby ein Heer von 100,000 Mann zusammen zu bringen ver=
mochte, und der der Handelsgesellschaft den ausschließlichen Betrieb
des für sehr einträglich gehaltenen Ambra= und Gummihandels
angeboten hatte.   Zu gleicher Zeit wurde ein Versuch gemacht,
auf der Küste von Guinea einige Forts von den Dänen anzu=
kaufen und die Krabbeninsel bei Portorico in Besitz zu nehmen.
Je größer und ausgedehnter aber die Unternehmungen zur See
wurden, desto mehr erregten sie die Aufmerksamkeit und Eifer=
sucht der andern Seemächte; die Brandenburgischen Ansiedelungen
wurden heimlich und offen angefeindet, ja die Holländische Handels=
gesellschaft, die sich besonders beeinträchtigt glaubte, ging so weit, daß
sie (schwerlich ohne heimliche Genehmigung ihrer Regierung) die bei=

den Befestigungen bei Acoba und Tracama mit Waffengewalt nahm, die Waarenlager plünderte, die Besatzung gefangen mit sich fortführte, Groß=Friedrichsburg belagerte und sich des Bran= denburgischen Kriegsschiffes „Berlin" bemächtigte.

Da entbrannte der Zorn des Kurfürsten; er trat energisch auf; vergeblich rieth der Staatsrath, die Sache fallen zu lassen, ja, mit der Aufgabe jener Niederlassungen ihr für immer ein Ende zu machen, da sie ein nutzloser, kostspieliger, gefahrvoller Zankapfel bleiben würde! Der Kurfürst sah in der Ehre der Brandenburgischen Flagge seine eigene Ehre beschimpft; er for= derte entschieden Genugthuung, und hätte sie blutig gefordert, wenn nicht sein Tod den Streit plötzlich beendet hätte; doch muß er bis zu seinem letzten Athemzuge ihn tief und ergreifend beschäftigt haben; denn als der Offizier der Leibgarde an sein Sterbebette trat, um die Parole entgegen zu nehmen, sprach der Fürst mit schon erbleichender Lippe: „Amsterdam."

Sein Sohn und Nachfolger war dem Vater in hohem Grade unähnlich, wie denn überhaupt die Preußische Regenten= geschichte von Georg Wilhelm an bis auf den heutigen Tag die merkwürdige für die Geschicke des Landes nicht ungünstige Er= scheinung darbietet, daß jeder Regent in seinem Wesen und Wol= len, in seinen Eigenschaften und Eigenthümlichkeiten als Gegen= satz seines Vorgängers erscheint. Der große Kurfürst war groß in Allem, auch im Kleinsten. Johannes Müller sagt von ihm: „Von den geringsten Polizei=Angelegenheiten Berlin's bis zu den größten Interessen Europa's war Nichts über der Sorgfalt Frie= drich Wilhelms. Dieselbe Hand, welche zu Berlin den ersten Blumenkohl pflanzte, zeichnete die Maximen, durch welche sich sein Haus nach und nach den ältesten Monarchieen gleichgestellt hat." — Sein Nachfolger war groß — im Kleinen. Von Figur klein und verwachsen, war die Eigenschaft in ihm vorherrschend, die

11*

faſt immer eine Eigenthümlichkeit der Kleinen und Verwachſenen
iſt, eine ungemeine Eitelkeit, die er durch hohe Abſätze, eine hohe
Perrücke, einen langen Purpurmantel und eine Königskrone zu
befriedigen ſuchte. Dieſe Eitelkeit und ſeines Miniſters Dankel=
mann von tiefer Einſicht geleiteter Rath hinderten ihn, die Sache
der Flotte und der Colonieen fallen zu laſſen, ſo ſehr auch eine
Partei längſt ſchon gegen die Marine und gegen Raule (denn
beide hielt man für identiſch) ſtill oder ſtürmiſch gewirkt hatte,
je nachdem das Eine oder das Andere an der Zeit ſchien. Vor
der Hand entging ihr der ſicher verhoffte Sieg; Friedrich der
Dritte hielt es ſeiner Würde und der Pietät, die er ſeinem Va=
ter ſchuldig war, nicht gemäß, eine Beleidigung ruhig hinzuneh=
men, die man dieſem kurz vor ſeinem Tode zugefügt hatte, er
beſchloß vielmehr, als Rächer derſelben aufzutreten, und ward
dabei von den Umſtänden begünſtigt.

Wilhelm III. war eben im Begriff, nach England über=
zuſchiffen, um den engliſchen Thron an ſich zu nehmen; ihm lag
daran, ſich des Bündniſſes mit Brandenburg zu verſichern, denn
deſſen Kurfürſt vermochte im entſcheidenden Augenblick ein wohl=
gerüſtetes Heer in die Waagſchale zu legen, das neigte ſie ſchnell
zu ſeinen Gunſten, Acoba und Tracama wurden ſogleich an
Brandenburg zurückgegeben und weitere Entſchädigung und Ge=
nugthuung nach dem Ausſpruch eines Schiedsgerichts verheißen.

War der Kampf um die Sache dadurch beendet, währte doch
der gegen die Perſon noch fort. Es war Raule's Feinden ge=
lungen, ſo bringenden Verdacht gegen dieſen zu erregen, daß nicht
nur eine Unterſuchung gegen ihn eingeleitet, ſondern ſelbſt ein
Haftbefehl gegen ihn erlaſſen wurde. Das Endreſultat der Un=
terſuchung war völlige Freiſprechung und die Wiedereinſetzung in
ſeinen Poſten als Dirigent der Handelsgeſellſchaft und als Mit=
glied der Admiralität. Dennoch mag es zweifelhaft ſein, ob er

ganz ohne Verschulden war, jedenfalls hat er den Staat über=
vortheilt, denn sein Vortheil hat ihm mehr gegolten, als der
des Staates. Die Versuchung dazu lag jedem Mitglied der Han=
delsgesellschaft nahe, und es war ein Hauptfehler der ganzen
Verwaltung, daß durch das Vermengen der Marine und des
Handels diese Versuchung und die Befriedigung derselben so
nahe gelegt wurde.

Dem großen Kurfürsten war das nicht entgangen, aber die
ganze Marine war ein Erzeugniß des Augenblicks, der Noth,
und als in ruhigeren Zeiten diese Mängel erkannt wurden, fehlte
es an Geld, um ihnen abzuhelfen; so wurde das in seinen Grund=
vesten morsche Gebäude nur von der Geistesmacht des großen
Fürsten getragen und fiel mit dessen Tode nach und nach in sich
selbst zusammen.

Friedrich hatte Wichtigeres zu thun, als Afrikanische Er=
werbungen zu machen oder zu bewachen; es galt eine Kö=
nigskrone. Mit ihr eroberte er, ohne es zu wissen, aber viel=
leicht nicht, ohne es zu ahnen, dem Lande eine Stellung und
Bedeutung, einen Gewinn an Unabhängigkeit und Macht, wie
ein Besitz von Flotten und Colonieen es nimmer vermocht hätte.
Er zeigte für beide kein Interesse; dieser Mangel an Theilnahme
konnte kein Geheimniß bleiben, und so kam die Handelsgesell=
schaft, der es immer schon an Geld gefehlt hatte, bald auch so
sehr um ihren Credit, daß sie nicht mehr im Stande war, auf
eigene Rechnung Schiffe mit Waaren auszusenden; Niemand
wollte ihr Vorschüsse machen; es mußte deshalb ein Holländischer
Kaufmann ersucht werden, auf seinem Namen so viel Waaren
zusammen zu bringen, daß Schiffe mit denselben abgesandt wer=
den konnten. Zu diesem allmähligen Ruin der Gesellschaft tru=
gen Mißhelligkeiten zwischen dem Berliner und Kopenhagener
Hofe nicht wenig bei. Früher waren beide Höfe Hand in Hand

gegangen, als aber der Kurfürst wegen einer Forderung an Ham=
burg Schiffe dieser Stadt hatte aufbringen lassen und unter den=
selben sich einige befanden, denen Dänemark gestattet hatte, unter
Dänischer Flagge zu fahren, da benutzte es die Ohnmacht der
Brandenburgischen Flagge, ließ auf die Schiffe derselben kreu=
zen, nahm deren eine große Anzahl fort und setzte es durch, daß
jene gekaperten Schiffe ihm wieder herausgegeben werden mußten.

Der große Kurfürst war todt! —

Die Holländer hatten seinem Sohne außer der Rückgabe
der gewaltsam genommenen Schanzen Genugthuung und Ent=
schädigung versprochen, aber sie hielten nicht, was sie versprochen,
und Friedrich, als König jetzt Friedrich I. genannt, mahnte sie
nicht. Die Herausgabe jener Niederlassungen hatte wenig Werth,
denn die Macht über dieselben ging mehr und mehr verloren,
der einzige Mann, der Flotte und Colonieen als ein Vermächt=
niß des großen Verstorbenen angesehen und seinen Herrn ver=
mocht hatte, sie nicht aufzugeben: Dankelmann, wurde durch
eine Kabale gestürzt. Jetzt hatten die Gegner freie Hand, und
sie gebrauchten sie so thätig, daß Raule zum zweiten Mal zur
Untersuchung und Haft gebracht, diesmal aber nicht freigesprochen,
sondern sein Vermögen confiscirt wurde. Es war nicht beträcht=
lich, es bestand aus dem Gute Friedrichsfelde bei Berlin (jetzt
einem Herrn von Treskow gehörig, damals aber Rosenfelde ge=
nannt) und seinem Hause, das er sich in der Adlerstraße in Ber=
lin gebaut (heut noch Raules Hof genannt).

Ob er wirklich strafbar, darüber waren selbst damals die
Stimmen getheilt, um so weniger ist es gestattet, heut darüber
zu urtheilen, wahrscheinlich war seine Schuld nicht größer, als
die seiner Ankläger und aller übrigen Theilnehmer am Geschäft,
und seine Strafbarkeit bestand in den Augen seiner Gegner in
einem Verbrechen, dessen sie sich gern theilhaftig gemacht hätten:

in der höheren Gunst und der höheren Stellung, deren er sich
erfreute. Raule starb während der Untersuchung in seinem sieben=
zigsten Jahre, er starb, ehe die Flagge, der auch er zu Ehren
geholfen, vom Meere verschwunden war. Sein großer Gönner,
Friedrich Wilhelm, hatte ihn wohl nicht für schuldig gehalten,
denn es lag nicht in dem Charakter des Fürsten, Ungesetzlichkei=
ten zu üben und zu dulden. Als ihm die Lauterkeit der Ge=
richtspflege beim Kammergericht bedenklich wurde, ließ er im
Spruchzimmer desselben ein Gemälde aufstellen, welches er eigens
dafür bestellt hatte, und welches den Cambyses darstellte, wie er
einem ungerechten Richter die Haut abziehen läßt; erst nachdem
er sich von dem Ungrund seiner Bedenken überzeugt hatte, ließ
er das Bild wieder fortnehmen, befahl aber dem Gericht, daß
selbst in dem Falle, da eine Partei sich ein für sie günstiges
Rescript von ihm zu erschleichen gewußt hätte, das Kammergericht
sich daran nicht kehren, sondern ohne alle Rücksicht darauf, nach
den Gesetzen Recht sprechen sollte.

Mit Danckelmann's Sturz und Raule's Tode waren der
Handelsgesellschaft die letzten Nerven durchschnitten, noch existirte
sie, aber sie lebte kaum mehr. Ihre Existenz wurde durch die
Anschauung Friedrichs des Ersten gefristet, daß ihm der Erwerb
Ostfrieslands, worauf sein Haus nach dem Aussterben der Ost=
friesischen Fürsten Anwartschaft hatte, erschwert werden könne,
wenn die Verbindung mit Emden und der den Ostfriesischen Stän=
den verheißene Schutz aufhörte; er gab deshalb den dringenden
Bitten der Kaufleute Gehör und befahl, die halbverfallenen Vesten
an der Küste von Guinea und die halbverkommene Besatzung
derselben vor dem Untergange zu retten. Schon seit längerer
Zeit hatten die Vesten keine Thore, die Soldaten keine Nahrung
mehr; ohne alle Besoldung hatten die letztern sich nur dadurch
nothdürftig erhalten, daß sie einen kleinen Handel mit den Ein=

geborenen trieben.   Aber jener Befehl war leichter gegeben, als
auszuführen; von der ganzen Kriegsflotte war kein einziges Schiff
mehr seefähig, ja auch nur reparaturfähig, so daß zwei Schiffe
gemiethet werden mußten, um die für die Afrikanische Küste be=
stimmten Mannschaften und Hülfsmittel zu überbringen.   Aber
die Hülfsmittel halfen nicht mehr; Stürme und Caper, unred=
liche Beamte und unglückliche Spekulationen schienen sich die Hand
zu bieten, um den auf raschen Gewinn berechneten Unterneh=
mungen ein rasches Ende zu machen.

Als ihr Untergang unzweifelhaft war, suchte jeder Einzelne
an sich zu reißen, was irgend noch Werth hatte.   Das durfte
nicht geduldet werden, sollten nicht die Gläubiger der Gesellschaft
um alle Aussicht auf Befriedigung kommen, sollte nicht das An=
sehen des Königs, der ja Mitglied war, darunter leiden; er er=
ließ daher, um die eben so verwickelte als hoffnungslose Ange=
legenheit endlich zu einem Abschluß zu bringen, den öffentlichen
Aufruf, es möge Jeder seine Forderungen bis zu einem bestimm=
ten Termin geltend machen, von den Ausbleibenden würde an=
genommen werden, sie begäben sich aller Ansprüche.   Da zeigte
sich, wie vollständig alles Zutrauen zu den Hülfsmitteln der Ge=
sellschaft verloren gegangen war; auch nicht ein Einziger
meldete sich; Alle hielten eine Befriedigung für unmöglich
und machten deshalb nicht einmal den Versuch, sie zu erlangen.
So wurden denn alle Forderungen für erloschen erklärt und,
ohne Widerspruch von irgend einer Seite, erklärte der König sich
als Eigenthümer aller Besitzungen und Forderungen der Gesell=
schaft.   An Forderungen fehlte es freilich nicht, aber wohl an
Besitzungen, deren hatten die Engländer und Holländer gemein=
schaftlich sich bemächtigt; doch fanden auch diese sie so wenig ein=
träglich, daß sie ohne Schwierigkeit zu bewegen waren, sie wieder
herauszugeben.

Der König beabsichtigte nun einen neuen Versuch, den Leich=
nam in's Leben zu rufen, indem er sich in Unterhandlungen mit
einem Abenteurer, einem englischen Juden, einließ, der eine Bank
errichten, dadurch Geld auftreiben und mit Hülfe desselben auf
der Ostküste von Afrika eine neue Niederlassung gründen wollte;
ehe aber die Verhandlungen noch zum Abschluß gekommen waren,
wurden sie durch den Tod Friedrichs abgebrochen und dadurch
neuer Verlust und neue Schmach verhindert.

Der Nachfolger, Friedrich Wilhelm der Erste, hatte schon
als Kronprinz Widerwillen gezeigt gegen die Colonieen und die
Flotte; die darauf verwandten Summen erschienen dem sorglichen
Haushalter als weggeworfen, und selbst die Ehre schien ihm
darunter zu leiden, daß Schleichhändler und Schwindler unter
brandenburgischer Flagge Geschäfte trieben. Er hatte die Ehren=
haftigkeit eines verheiratheten Unteroffiziers, der seinen
Hausstand und seine Rotte in strengster Zucht und Ordnung
hält; ihm war die Unordnung, ja Lieberlichkeit, die in den Ver=
hältnissen der Handelsgesellschaft und in der Verwaltung der
Flotte einheimisch war, ein Gräuel, diesem Gräuel mußte um
jeden Preis ein Ende gemacht werden; als guter Wirth aber
war er dennoch bemüht, einen möglichst guten zu erhalten und
bot deshalb die Brandenburgisch=Afrikanischen Besitzungen mit
allen ihren Rechten und Forderungen der Englisch=Amerikanischen
Handelsgesellschaft für 40,000 Pfund Sterling zum Kauf an.
Aber diese so wenig als die Holländisch=Ostindische zeigten Neigung,
sich darauf einzulassen, selbst dann nicht, als der König die For=
derung bedeutend ermäßigte. Zum Verschenken war immer noch
Zeit; so blieb der König einstweilen im Besitz, verweigerte aber
entschieden auch nur einen Groschen für die Erhaltung oder Ver=
besserung des Besitzes herzugeben und blieb bei dieser Weigerung,
als einige Schlaue es versuchten, sein militairisches Interesse

dabei in's Spiel zu bringen. Es war bekannt, daß er bei aller
Wirthlichkeit doch für militärische Zwecke, namentlich für statt=
liche Soldaten, große Summen bereitwillig hergab; deshalb
wurde ihm vorgestellt, daß ein für die Fahrt nach Guinea aus=
gerüstetes Schiff ihm von dort 150 schöne Mohren mitbringen
könnte, die als Trommler und Pfeifer verwendet, ein Schmuck
für die Regimenter sein würden; wie ihn keine Armee in Europa
aufwiese; baares Geld brauche er dazu auch nicht einen Groschen
herzugeben, indem die in Emben befindlichen Grundstücke der
Gesellschaft für diesen Zweck verkauft werden könnten und voll=
ständig dazu ausreichen würden. Das wirkte, er schrieb eigen=
händig auf die Vorstellung: „Damit bin zufrieden, aber
160 Mohren.“ Der Befehl zur Ausrüstung wurde nun ge=
geben, aber ehe dieselbe noch begonnen hatte, wurde die Zahl
der geforderten Mohren vom König auf 170 gesteigert, und
wahrscheinlich wäre die Forderung im Steigen geblieben, wenn
nicht der ganzen Expedition Hindernisse entgegen getreten wären;
es zeigte sich nämlich, daß die Grundstücke der Gesellschaft so
mit Hypotheken überbürdet waren, daß ein Verkauf derselben
wenig Ueberschuß gewährt haben würde, und wie groß auch das
Verlangen des Königs nach schwarzen Trommlern und Pfeifern
war, scheiterten doch alle Versuche, ihn zur Hergabe selbst einer
geringen Summe für die Expedition zu bewegen.

Die Scheu vor ähnlichen großen Ausgaben, wie die, welche
seinem Vater und Großvater jene Angelegenheit bereits verur=
sacht hatte, die Scheu vor der Unordnung, welche in der ganzen
Verwaltung herrschte, war nicht der einzige Grund, der ihn mit
Widerwillen dagegen erfüllte; er war überzeugt, daß alle, die
sich damit befaßten, Betrüger und Schwindler wären, er fürchtete,
von ihnen überlistet und gemißbraucht zu werden und weigerte

sich deshalb ganz entschieden, unter irgend ein Document, welches sich auf den Seehandel bezog, seinen Namen zu setzen.

Dadurch verlor die Flagge allen Schutz und alles Ansehen, so daß sich zuletzt kein Schiffsführer ihrer noch bedienen mochte und sie deshalb bald anf keinem Meere mehr anzutreffen war.

Fast ebenso sehr, als durch Abenteurer und Schwindler, gegen die er einen edlen Grimm empfand, wurde ihm die ganze Angelegenheit durch Zwistigkeiten verleidet, in welche er mit der Stadt Emden gerieth.

Ein Kaufmann von dort hatte in St. Thomas Unreblich= keiten gegen Königliches Eigenthum begangen, weshalb sein in Emden befindliches Vermögen mit Beschlag belegt wurde; gegen diese Beschlagnahme protestirten die Behörden der Stadt, unter denen er viele Verwandte und Anhänger hatte, und es währte 6 Jahre, ehe endlich der König, der gern Alles rasch zu Ende führte, durch einen kargen Vergleich einen Theil seiner Ansprüche befriedigt sah. Emden war ihm dadurch zuwider geworden, er mochte nichts mehr damit zu schaffen haben und ließ deshalb in öffentlicher Auktion Alles, was er noch von dem Vermögen der früheren Handelsgesellschaft sein nennen konnte, verkaufen. Den Erlös (5982 Thaler) verwandte er für die preußische Besatzung, deren Unterhalt die Stadt in der letzten Zeit verweigert hatte, und deren Zurückziehung bald darauf auf Kaiserlichen Befehl erfolgte. Der König war zufrieden, daß damit die unangenehme Verbindung mit Ostfriesland ein Ende nahm; während der große Kurfürst einen hohen Werth darauf gelegt, und die selbst Friedrich I. mit Sorgfalt gehegt hatte; jener, weil ohne den Besitz eines Nordseehafens der von ihm ersehnte Welthandel undenkbar war, dieser, weil er für den einstigen Erwerb Ostfriesland's günstige Erfolge davon erwartete.

Friedrich Wilhelm I. glaubte entweder nicht an die Bedeu-

tung dieser Verbindung, oder beachtete sie nicht; für den vom
Großvater beabsichtigten Welthandel hatte er wenig Sinn; kauf-
männische Interessen lagen ihm überhaupt fern. Er hatte von
je her eine Abneigung gegen das Meer, fest in seinen Grundsätzen, war ihm alles Schwankende zuwider, also auch das Wogen
der Meereswellen. Es hatte ihn einst seekrank gemacht; obgleich
er mit der ihm eigenen Willenskraft der Krankheit hatte widerstehen wollen, war sie doch seiner Herr geworden, deshalb scheute
er das Meer. Brav als Bürger und Soldat, war er doch kein
Freund von Wagnissen und zog das Handwerk dem Handel vor.
Er hatte ein einziges Mal versucht, ein kaufmännisches Geschäft
zu machen, aber nicht mit Glück. In seinen Mußestunden malte
er gern in Oel, und wenn es auch eine unbegründete Nachrede
sein mag, daß er auf den Gesichtern der von ihm gemalten Grena-
diere mit dem Pinsel nachhalf, um Original und Bild überein-
stimmend zu machen, wenn das Colorit ihm mißrathen war, so
bezeugen doch die noch vorhandenen Bilder von ihm, daß Nach-
hülfe ihnen noth that; er aber hatte seine Freude an ihnen und
ließ, als eines ihm besonders gut gerathen schien, einen Kunsthändler kommen, dessen Laden er öfters besuchte, zeigte ihm das
eben vollendete Gemälde und fragte, was es wohl werth sei?
Dieser rühmte die Arbeit sehr und versicherte, das Gemälde sei
unter Brüdern 200 Thaler werth; der König lächelte wohlge-
fällig, sagte: „Dafür soll Er's haben!" und schickte ihm das Bild
nebst der Rechnung zu. Der Kunsthändler bezahlte ohne Wider-
rede, ließ das Bild prächtig einrahmen, befestigte einen großen
Bogen Papier an dem Rahmen, schrieb darauf die Worte: Von
Sr. Majestät dem Könige eigenhändig gemalt! und stellte das
Bild vor seinem Laden auf. Das zog einen Haufen von Zuschauern herbei, der sich von Minute zu Minute vergrößerte.

Als das dem Könige gemeldet wurde, gerieth er in Zorn

und ließ dem Kunsthändler befehlen, das Papier sogleich fort-
und das Bild hineinzunehmen; der Kunsthändler aber stellte aller-
unterthänigst vor, er sei nicht im Besitz einer Privatgallerie,
kaufe nur, um zu verkaufen, müsse für diesen Zweck seine Bilder
ausstellen und sei verpflichtet, die Namen der Meister zu nennen,
deren Werke er ausbiete.

Der König, der mit Wissen und Willen nie eine Ungerech-
tigkeit beging, schickte dem Kunsthändler die 200 Thaler zu und
verlangte das Bild zurück, der aber erwiderte, er sei Kaufmann
und müsse vom Profit leben, er könne das Bild unmöglich für
den Preis lassen, für den er es eingekauft; er habe gesagt, das
Bild sei unter Brüdern 200 Thaler werth, im Kunsthandel habe
es einen bei weitem höheren Werth, unter 300 Thaler könne er
es nicht fortgeben. Der König sagte kein Wort, schickte die
Summe und ließ das Bild abholen, aber den Laden besuchte er
nicht wieder, vermied auch die Gegend, in der er lag.

Auch gegen Ostfriesland behielt er bis an sein Ende eine
gewisse Abneigung. Dies Gefühl war kein gegenseitiges, die
Verbindung mit Preußen hatte eine Hinneigung der Ostfriesen
zur preußischen Regierung erzeugt, die nicht aufhörte, als der
Verband gelöst war, und die ein viertel Jahrhundert später ihre
Frucht trug.

Dem Könige blieb nun als unangenehme Mahnung an die
verhaßten überseeischen Unternehmungen nur noch der Besitz der
Afrikanischen Küstenfestung, für die er bisher keinen Käufer gefunden; als daher die Holländisch-Westindische Handelsgesellschaft
statt der von ihm ursprünglich geforderten 200,000 Thaler, vier-
tausend Ducaten und, die Neigung des Königs klug berechnend,
zwölf junge Mohren, deren sechs mit goldenen Halsbändern ge-
schmückt sein sollten, als Kaufschilling bot, ging er gern darauf
ein. Der Kauf wurde abgeschlossen, doch blieb es der Gesell-

— 174 —

schaft überlassen, in Güte oder mit Gewalt die Besitznahme zu
bewerkstelligen. Zu dieser letzteren Bedingung hatte sie sich in
ihrem Kaufantrage aus freien Stücken erboten; es ist aus diesem
Anerbieten ersichtlich, wie richtig sie die Abneigung des Königs,
mit der Angelegenheit sich noch irgend ferner zu befassen, beur=
theilte, auch mochte sie wohl geglaubt haben, daß eine Besatzung,
die längst schon ohne Sold, ohne Unterstützung, ja ohne alle
Verbindung mit dem Vaterlande gewesen war, mit Freuden die
Gelegenheit wahrnehmen werde, aus so drückender, schmachvoller
Lage zu kommen, die Besitzergreifung daher sehr leicht sein müsse,
aber sie fand Widerstand von einer Seite her, von der weder sie
noch irgend Jemand ihn erwartet hatte.

Während in Berlin die Unterhandlungen wegen des Ver=
kaufs noch schwebten, hatte der Befehlshaber von Groß=Frie=
drichsburg, dem nichts von diesen Unterhandlungen bekannt war,
den Entschluß gefaßt, selbst nach Berlin zu reisen, um seiner
peinlichen Lage ein Ende zu machen. Auf seine dringenden,
flehentlichen Gesuche um Herstellung der immer mehr verfallenden
Werke, um Ersatz der verstorbenen Mannschaft, um Ergänzung
der fehlenden Munition und endlich um Gewährung der noth=
dürftigsten Subsistenz=Mittel, war er ohne allen und jeden Be=
scheid geblieben; er glaubte, daß seine Berichte nicht an den
König gelangt wären und hielt ein persönliches Anbringen seiner
Klagen für das einzige Mittel, das seine Person und seine
Festung noch retten könne; bevor er aber seine Reise antrat,
übergab er dem verbündeten Negerhäuptling, oder König, wie er
sich nannte, Jean Cuny, die Feste Groß=Friedrichsburg, überreichte
ihm feierlich eine Brandenburgische Flagge und ließ sich von
ihm versprechen, sie treu zu hüten, bis er aus Europa zurück=
gekehrt sei.

Cuny erkärte nun, als die Beauftragten der Gesellschaft

von ihm die Uebergabe der Festung verlangten, er habe gelobt, sie Niemandem zu übergeben, als dem Befehlshaber, aus dessen Händen er die Flagge erhalten; das Wort werde er lösen.

Da Vorstellungen nichts fruchteten, bat die Gesellschaft um den Beistand der Holländischen Regierung, welche einen Haupt= mann mit 50 Mann zur Besitzergreifung der Festung abschickte. Cuntz ließ sie bis dicht an das Thor rücken und empfing sie dort mit einer so wohl gezielten Salve, daß der ganze Trupp auf dem Platze blieb und nur der Hauptmann, schwer verwundet, entkam.

Eine größere Streitmacht war eben nicht zur Hand, der Käufer mußte sich daher begnügen, über den Vorfall nach Ber= lin zu berichten und sich eine förmliche Abtretungs=Urkunde zu erbitten, die König Friedrich Wilhelm, treu seinem gegebenen Wort, unbedenklich ausstellte und damit die Sache für abge= macht hielt.

Aber ein Unternehmen, das des großen Kurfürsten Helden= sinn begonnen, durfte nicht enden wie ein Trödelgeschäft; konnte es nicht Bestand haben, sollte es doch würdig untergehen.

Cuntz beachtete die todten Papiere nicht, er hatte dem Be= fehlshaber sein Wort gegeben, nur in dessen Hand die anver= traute Flagge zu legen; das Wort mußte gelöst werden.

Der Befehlshaber, der in Europa keine Ahnung von dem hatte, was auf Groß=Friedrichsburg vorging, kam nicht wieder, darum vertheidigte Cuntz die Festung fort und fort gegen alle Angriffe, die von den Holländern mit stets gesteigerter Macht unternommen wurden, denn sie hielten es jetzt für Ehrensache, den Widerstand der Wilden zu bändigen, aber der wilde König kämpfte furchtlos und unbesorgt den wilden Kampf weiter; wohl wild, denn er pflasterte den Vorhof der Festung mit den Schä= deln der erschlagenen Holländer, als drohe er Tod und Verder=

ben jedem Angreifer. Er kämpfte wild, aber treu und ehrenhaft, eines bessern Erfolges werth. Sieben Jahre lang setzte er, ohne irgend eine Unterstützung oder Anerkennung den blutigen Kampf fort für sein gegebenes Wort, ein Beispiel ohne Gleichen. Und als endlich die Negerstämme, müde des Blutvergießens, den Krieg nicht mehr fortsetzen mochten, da verschwand Cuny plötz= lich mit der Flagge in den undurchdringlichen Wäldern seiner Heimath; Niemand hat wieder von ihm gehört; es war, als scheue er vor den Menschen sich sehen zu lassen, da es ihm nicht gelungen, sein Wort zu lösen.

War je ein Held würdig eines Denkmals, so war er es. Er hat keins erhalten, aber im Gedächtniß der Nachwelt soll er fortleben, den Treuen zum Beispiel, den Treulosen zur Mah= nung, und — wie ehrenvoll für Cuny die Vertheidigung der Bran= benbnrgischen Flagge auch sein mag — sie ist zugleich ehrenvoll für Brandenburg selbst, ja für ganz Deutschland. Diese ritter= liche Treue hatte Cuny gelernt im Umgange mit Brandenburg= gern, mit Deutschen; selbst die zähe Tapferkeit, welche die Neger im langjährigen Kriege bewiesen, war ihnen nicht angeboren oder früher schon eigenthümlich gewesen. Erinnern wir uns, wie sie zu Gröben's Zeit beim ersten Kanonenschuß davon liefen, so wird man versucht, zu glauben, daß es ein von jenen ganz verschiedener Menschenschlag war, der die Brandenburgische Flagge so unerschrocken vertheidigte. Diese Treue, diese Ausdauer im Kampfe hatten sie von den Brandenburgern gelernt, sie hatten aber auch von ihnen eine Behandlung erfahren, deren sie bisher ungewohnt gewesen, die Anfangs ihre Verwunderung, dann ihre Bewunderung und zuletzt ihre begeisterte Anhänglichkeit und Dankbarkeit erzeugte.

Die Staaten, mit denen sie bisher in Verbindung gewesen, waren gewohnt, die Schwarzen als rechtlose Mittel zum Zweck als Sachen anzusehen, die nur soweit eine Bedeutung hatten, als sie nach Geld abzuschätzen waren; die Deutschen, an Sclaventhum nicht gewöhnt, achteten auch in den Schwarzen den Menschen und gingen daher menschlich mit ihnen um.

Gröben erzählt mehrere Züge von der Art und Weise, wie die Holländer mit ihnen verfuhren: ein Neger, der sich ihm als Wasser-Lieferant anbot, überreichte ihm zum Beweise, daß man ihm trauen dürfe, ein Zeugniß, welches ein holländischer Capitain ihm über seine Ehrlichkeit ausgestellt; in demselben hatte der Capitain ihn als einen argen Spitzbuben bezeichnet. War er das wirklich, so war der Aussteller wahrlich nicht besser, der die Unwissenheit und das Zutrauen des Schwarzen so mißbrauchen konnte. Ein anderes Mal hatte ein Neger sich an einen Holländer gewandt, daß er ihn auf ein Brandenburgisches Schiff begleite und ihm beim Verkauf seiner Goldkörner als Vermittler und Dollmetscher behülflich sei; nachdem man das Geschäft beendet, fragte der Vermittler, was man ihm böte, wenn er nun auch den Schwarzen verkaufe, für fünf Stangen Eisen könne man ihn behalten. — Dergleichen fanden die ehrlichen Deutschen empörend, deshalb empörten sich auch die Neger nicht gegen sie, sondern hielten treu zu ihnen, und auch jetzt noch, nach beinahe zweihundert Jahren, ist, wie Reisende versichern, der Einfluß deutscher Gesinnung und Gesittung unter den Mohrenstämmen unverkennbar, in deren Mitte einst die Brandenburgische Flagge geweht hat, sie sind weniger roh im Umgange, ehrlicher im Handel, sie tragen und betragen sich besser als die andern Stämme. So hat das Große, was der Große Kurfürst gethan und gewollt, wenn nicht Großes, so doch Gutes gewirkt.

Nach Afrika mußte man gehen, um noch Spuren davon zu finden, denn noch war der Begründer der Colonieen und der Kriegsflotte kein halbes Jahrhundert todt, da wurde von beiden, die einst die Aufmerksamkeit von ganz Europa und die Unruhe seiner Seemächte erregt hatten, nur noch wie von einer dunklen Sage gesprochen.

Den großen Königlichen Urenkel des Kurfürsten beschäftigten andere Sorgen: der Erwerb und die Erhaltung Schlesiens, das Emporheben des durch die Kriege tiefgesunkenen Ackerbaues, des noch tiefer darnieder liegenden Handels und der bisher kaum nennenswerthen Fabrikation nahm seine ganze Sorge in Anspruch; von dem Gedanken an eine Kriegsflotte, von einer Erinnerung an einen einstigen Besitz von Colonieen findet sich keine Spur, weder in seinen Regierungsacten, noch in seinen Schriften; einmal nur, als die Noth gebot, gegen die von allen Seiten übermächtig andrängenden Feinde mit allen erdenklichen Mitteln sich zu wehren, finden wir etwas Flottenartiges. Im Jahre 1759 wurden aus Handelsfahrzeugen und Schifferkähnen Kriegsschiffe improvisirt, veraltete schwerfällige Festungsgeschütze wurden zu Schiffskanonen verwandt, um damit die pommersche Küste, namentlich aber Stettin, gegen die Einfälle der Schweden zu schirmen. Die größeren dieser Schiffe erhielten die stolzen Namen: „König von Preußen, Prinz von Preußen, Prinz Heinrich und Prinz Wilhelm", die kleineren wurden, mit Beziehung auf jene, genannt: „Jupiter, Mars, Neptun, Merkur." Mit dieser gebrechlichen Flottille, der noch vier sogenannte Espings (kleine Fahrzeuge ohne Spiegel) beigesellt waren, gingen die wackern Preußen der schwedischen Flotte am 20. September im Haff, bei der Anclamer Fähre, entgegen, kanonirten mit dem Feinde und zwangen ihn wirklich, sich zurückzuziehen; als jedoch in den nächsten Tagen die schwedischen Schiffe mit Verstärkung zurückkehrten, wurden die preußischen zum Rückzuge genöthigt; dennoch gelang es ihnen, da ein günstiger Wind ihnen zu Statten kam, sich bis zum 4. October zu halten; als der Wind aber

sich zu ihrem Nachtheil wandte, wurden, nach siebenstündiger
hartnäckiger Gegenwehr, sämmtliche Schiffe von den Schweden
genommen.

Die Preußen hatten muthig gekämpft, das geht daraus hervor,
daß die Schweden drei Schiffe und einhundert und zwanzig
Todte verloren. Selbst den gefangenen Preußen war mit der
Freiheit der Muth nicht genommen; sie waren sämmtlich auf
das schwedische Galliotschiff „die Schildpadde" gebracht worden,
um unter starker Bedeckung nach Carlscrona transportirt zu
werden; unterwegs überwältigten sie im nächtlichen Ueberfall Be=
mannung und Besatzung des Schiffes, zwangen sie, in den Col=
berger Hafen einzulaufen und übergaben dort ihre Wächter als
Gefangene.

Der Untergang jener improvisirten Flotte schreckte so wenig
von dem Versuch ab, einen zweiten zu wagen, daß im Jahre
1761 eine ähnliche Flottille zu Stande gebracht wurde, die mit
größerem Glück kämpfte und den Schweden eine Fregatte ab=
nahm. Beide Kämpfe zu Wasser gingen in den gewaltigen Land=
kämpfen, auf die Aller Augen gerichtet waren, unbeachtet vor=
über, so daß sie in den meisten Schilderungen des siebenjährigen
Krieges nicht einmal erwähnt werden, und wenn sie auch in
ihrer völligen Vereinzelung nicht eigentlich zur Geschichte der
preußischen Flotte gehören, die damals noch ihren anderthalb=
hundertjährigen Schlaf schlief, so sollen sie doch nicht vergessen
sein; sie bekunden, daß Seemannsblut in unsern Adern fließt,
und daß wir Alles hatten, was zu einer Flotte gehört, außer
der Flotte selbst.

Dem großen König lag der Gedanke an eine solche so fern,
das er nur ein einziges Mal während seiner ganzen Regierung
auf den Gedanken kam, eine bauen zu lassen, aber nicht für sich,
sondern für Jeden, der sie bezahlen konnte und wollte.

12*

Sein Hauptaugenmerk war darauf gerichtet, die Einnahme-
quellen der Provinzen zu beleben; er ging von dem Grundsatze
aus, der ein halbes Jahrhundert lang in Geltung geblieben ist,
die Hauptaufgabe des Staatsmannes sei, so viel Geld als möglich in's Land zu ziehen und so wenig als möglich herauszu-
lassen; er ging daher gern auf den Vorschlag des Geheimen
Finanzrathes Delatre ein: kein Schiffsbauholz mehr zu verkaufen
sondern lieber selbst Schiffe zu bauen, sie vollständig auszurüsten
und sie sodann zum Verkauf nach fremden Häfen zu senden, damit auf diese Weise das Arbeitslohn der Schiffbauer und Handwerker dem Inlande zu Gute käme.

Diese Schiffe bedurften einer seemännischen Leitung, es
wurde deshalb ein Admiral und die nöthige Zahl von Schiffs-
Capitainen ernannt. Ein Verwandter des Delatre wurde Admiral, der bekannte Nettelbeck wurde zum Schiffs-Capitain ernannt und bekam die Führung der neu erbauten Fregatte:
„Herzog von Bevern," doch nur auf kurze Zeit; der Admiral war ein junger, unerfahrener Windbeutel, Nettelbeck wollte
sich ihm nicht fügen, forderte und verwundete ihn, und wurde
in Folge dieses Duells, nachdem er seinen Dienst kaum angetreten, schon wieder entlassen.

Auch der Flottenbau entsprach so wenig den davon gehegten
Erwartungen, daß er bald wieder aufgegeben wurde.

Einer nur, der ebengenannte wackere Nettelbeck, vermochte
den Gedanken nicht aufzugeben, daß Preußen berufen sei, Colonieen
zu errichten, oder zu erwerben; er wandte sich mit einer Vorstellung an Friedrich den Großen, setzte die davon zu erwartenden
Vortheile auseinander und stellte zugleich detaillirte Anträge.

Es ist nicht bekannt geworden, welche Ansicht der große
König über die ihm vorgelegten Pläne hatte, denn Nettelbeck
erhielt keine Antwort; erwägt man aber, daß der König sonst

jede, auch die geringfügigste Vorstellung, die an ihn persönlich
gerichtet war, beantwortete, in der Regel schon am folgenden
Tage, so spricht sein Schweigen laut genug. Vielleicht hatte
Nettelbeck in enthusiastischer Weise bei den von ihm aufgestellten
Plänen und Aussichten alles Maaß so sehr überschritten, daß er
dem König wie ein Thor erschien, der am besten mit Stillschweigen bestraft wurde.

Mochte ihm dies Stillschweigen auch empfindlich sein, ab-
schrecken ließ er sich dadurch doch nicht; er wandte sich, nachdem
Friedrich Wilhelm II. zur Regierung gekommen war, mit einer
ähnlichen Vorstellung an ihn und erhielt den Bescheid, daß der König
selbst keine Veranlassung habe, mit einem solchen Unternehmen
sich zu befassen, daß aber der Einsender mit seinen Plänen sich
an die Seehandlung wenden möge. Nettelbeck folgte der Weisung, erhielt aber von der gedachten Behörde zur Antwort, daß,
da Se. Majestät der König nicht für gut befunden habe, in die
Vorschläge des Absenders einzugehen, die Seehandlung sich eben-
falls darauf nicht einlassen könne.

Nettelbeck ließ sich in seiner zähen Ausdauer auch durch
diese Zurückweisung nicht irre machen, sondern legte Friedrich
Wilhelm III. bald nach dessen Regierungsantritt dieselben Pläne
vor, erhielt aber auch von ihm eine zwar freundliche, aber mo-
tivirt ablehnende Antwort.

Vielleicht wäre gerade Nettelbeck zum Seehelden berufen
gewesen, bei seinem unternehmenden, vor keinen Schwierigkeiten
erschreckenden Geiste, bei seiner edlen Uneigennützigkeit, die immer
nur das Wohl des Vaterlandes, nie das eigene, im Auge hatte.

Er war zum Admiral geboren und blieb — Branntwein-
brenner. Wie aber Er in seiner untergeordneten Sphäre, so
blieb sein Vaterland, bei allem Beruf zum Welthandel und zur
Seemacht, eine bloße Landmacht.

Einmal schien es, als wollte das Verhängniß die Pforten ihm öffnen zum Eintritt in die Reihe der Seemächte.

Die Anwartschaft auf Ostfriesland gab bei dem Tode des letzten Ostfriesischen Fürsten Gelegenheit zum Erwerb dieses Landes, den der große Friedrich, obgleich mit den Sorgen und Lasten des zweiten schlesischen Krieges beschäftigt, rasch und besonnen durchsetzte. Zwar machten auch andere Fürsten Ansprüche darauf, er aber kam ihnen durch die That zuvor, ließ in überraschender Schnelligkeit seine Truppen einrücken und alle festen Punkte besetzen, ließ an allen Grenzen, Thoren und Amtsgebäuden die Preußischen Adler anschlagen, so daß die Mächte ihn schon im vollständigen Besitz fanden, als sie erst daran dachten, ihre Ansprüche auf den Erwerb geltend zu machen.

Die Ostfriesischen Stände und Einwohner kamen ihm dabei in jeder Weise zu Hülfe; sie hatten während der Regierung des großen Kurfürsten im häufigen Verkehr mit derselben eine Vorliebe für das preußische Regiment bekommen, die sich heut noch in ganz Ostfriesland ausspricht, nachdem es schon über ein halbes Jahrhundert wieder von der preußischen Monarchie losgetrennt ist. Das preußische Landrecht ist heut noch Ostfriesisches Landgesetz; in allen Stuben findet man die Bildnisse der preußischen Regenten, niemals die der Landesfürsten; an allen Läden, Ständern und Geländern findet man die preußischen Landesfarben, die Hannöverschen fast nur bei Königlichen Bauten und Brücken; unter den Landleuten hört man jetzt noch häufig die Aeußerung: „Bei uns ist noch nie illuminirt worden; wenn wir aber wieder preußisch werden, illuminiren wir Alle", und im November 1861 bezeugte ein Bewohner des Ostfriesischen Städchens Leer, der Schiffbauer Ihnen, seine Anhänglichkeit an Preußen dadurch, daß er der preußischen Flotte seine schnellsegelnde zweimastige Yacht zum Geschenk machte. Das Land, das im Besitz eines

Nordseehafens ist, der sich trefflich zum Kriegshafen eignet, dessen
Bewohner zu den tüchtigsten Seefahrern gehören, die Europa
besitzt, dies Land warf uns die Gunst des Schicksals zu, als ob
es uns zwingen wollte, eine Seemacht zu werden; aber Friedrich
der Große ließ sich nicht zwingen.

Es wäre eine unfruchtbare Arbeit, die Anschauungen er=
klären zu wollen, die ihn bestimmten, nur das Land und nicht
das Meer bei seinen segensreichen Beschäftigungen zu berücksich=
tigen; er begnügte sich, seinem Nachfolger Macht und Mittel zu
hinterlassen, auch nach dieser Seite hin zu wirken. Und es hatte
einmal im vierten Jahre der Regierung des Nachfolgers den
Anschein, als beabsichtige er wirklich, zum Bau einer Flotte zu
schreiten.

1790 wurde der General von Gravert (derselbe, der 1812
das Hülfscorps commandirte, welches später York übernahm)
vom König beauftragt, die Ostseeküste Behufs ihrer Vertheidi=
gung zu untersuchen und Anträge in Betreff derselben zu machen.

In Folge dieser Anträge wurde schon im nächsten Jahre
ein Kutter von 20 Kanonen erbaut, der den Namen: „Friedrich
Wilhelm Rex" erhielt; zu gleicher Zeit wurden 16 Bom=
bengallioten projectirt.

War es wirklich der Plan des Königs, damit den Grund
zum Bau einer Kriegsflotte zu legen, so hat er denselben wieder
fallen lassen, denn es findet sich keine Spur, daß der begonnene
Bau fortgesetzt, oder das angefangene Werk auch nur erhalten
worden sei. Unter seinem Sohn und Nachfolger deutet in län=
geren Jahren nichts darauf hin, daß ein Flottenbau beabsichtigt
worden wäre; doch trieb der dringende Wunsch, im Jahre 1807
das belagerte Danzig zu erhalten, zur Ausrüstung von 5 Fahr=
zeugen mit 20 Kanonen und 150 Mann Besatzung, die ein
englischer Marine=Lieutenant Abfield commandirte, die aber keine

Gelegenheit fanden, ihre Thätigkeit zu entwickeln, wie denn über=
haupt bei der Vertheidigung dieser Festung, einer der wenigen,
die den Franzosen lange widerstand, ein eigener Unstern waltete.
Selbst die Hoffnungen, die das glückliche Einlaufen eines eng=
lischen Kriegsschiffes in den Danziger Hafen der hart bedräng=
ten Stadt brachte, sollten vor ihren Augen zu Grunde gehen.

Das Schiff führte 26 Vierundzwanzigpfünder, trug mehrere
hunderttausend Thaler Geld, Russische, Preußische und Englische
Besatzung, einen großen Vorrath von Munition und Lebens=
bedürfnissen und wichtige Depeschen. Danzigs Kanonen donner=
ten ihm einen Freudengruß entgegen, während das englische Schiff
die feindlichen Schanzen aus nächster Nähe mit wohlgezielten
Schüssen zertrümmerte. Da, im Augenblick der höchsten Freude,
wandelte sie schnell sich in Schrecken und starres Entsetzen, das
Schiff stieß mit seinem Vordertheile auf den Grund und stand
hülflos, rettungslos da. In demselben Augenblick eilte der Preu=
ßische Hauptmann Braun auf den englischen Schiffs=Capitain
zu und beschwor ihn, das Schiff in die Luft zu sprengen; aber
vergeblich, der Schiffs=Capitain war nicht dazu zu bewegen. Da
stürzte der Hauptmann nach der Pulverkammer, um seinen Ent=
schluß mit eigener Hand auszuführen; aber bevor er dazu ge=
langen konnte, wurde er mit Gewalt davon abgehalten und das
Schiff dem Feinde übergeben. Jetzt war Danzig verloren, die
Capitulation erfolgte, ob auch ehrenvoll, doch nicht minder
schmerzlich.

Der unglückliche Friede von Tilsit nahm dem Preußischen
Staat mit der Hälfte der Monarchie zugleich die Möglichkeit,
sich einer andern Sorge hinzugeben, als der für das Aufbringen
der kaum erschwinglichen Contribution, ja, er zwang die Regie=
rung im Jahre 1812 eine Anzahl Fahrzeuge im Kurischen Haff
zu bewaffnen, um sie für Frankreich gegen Rußland zu verwen=

ben, doch schon im nächsten Jahre konnte Preußen in Verbindung mit Schweden Fahrzeuge zum Kampf gegen Frankreich ausrüsten, die bei der Belagerung von Stettin auf dem Damm'schen See gute Dienste leisteten. Auch diese Rüstungen waren nur ein Erzeugniß des Moments, sie gingen mit dem Bedürfniß, das sie hervorgerufen hatte, spurlos vorüber. Seit dem unrühmlichen Verkauf der Colonieen schien es, als scheue man sich, den Gedanken an eine Flotte aufkommen zu lassen, um nicht erinnert zu werden an das, was man gehabt und aufgegeben hatte; erst im Jahre 1823 wurde, angeregt durch den damaligen Kronprinzen, nachmaligen König Friedrich Wilhelm den Vierten, eine Commission berufen, die unter dem Ober=Präsidenten Sack in Stettin einen Entwurf ausarbeitete, wie die Pommersche Küste durch eine Seewehr zu decken sei.

Die Früchte dieses Entwurfs traten erst im Jahre 1835 sichtbar hervor durch den Bau von zwei Kanonenjollen und die Errichtung von Marine=Depots zu Danzig und zu Stralsund, zugleich wurde der Bau einer Segelfregatte „Amazone" projectirt und dieselbe zum Uebungsschiff für Navigationsschüler bestimmt; sie lief im Jahre 1842 vom Stapel, machte mehrere Uebungsreisen, von denen die eine bis Amerika ausgedehnt wurde, und bewährte sich als ein vortreffliches Schiff.

Der Neffe des Königs, Prinz Adalbert, von Jugend auf voll lebendiger Theilnahme für Alles, was Seewesen heißt, und schon längst mit tiefen seemännischen Studien beschäftigt, wurde an die Spitze der jungen Schöpfung, diese aber unter das Kriegsministerium gestellt; denn an eine eigene selbstständige Marinebehörde dachte man bei so kleinem Anfange wohl noch nicht.

Es war nicht die Noth des Krieges, nicht von außen her zwingende Drangsal, wie zur Zeit des großen Kurfürsten, welche diesmal die ersten Kriegsfahrzeuge in's Leben rief, das Bewußt-

sein war es, daß dem preußischen Adler die Flügel gebunden
wären, so lange sein Flügelschlag ihn nicht über Land und
Meer zu tragen vermöchte!

Hier und da waren solche Mahnungen wohl schon erklungen,
aber immer wieder verklungen; so erschien eine Broschüre, in der
Deutschland aufgefordert wurde, Handel nach allen Erdtheilen
einzuleiten; nur durch Colonien und Kriegsflotten könne es selbstständig, wohlhabend und mächtig werden, und seinem schwankenden, planlosen Treiben ein Ende machen. Am Schluß der Schrift
hieß es; „Da diese Schrift nur den Zweck hat, die maritime Er-
hebung Deutschlands zu fördern, so wird eine Fortsetzung derselben nur dann erscheinen, wenn die Aufnahme dieser Blätter
voraussetzen läßt, daß eine Entwickelung der darin niedergelegten
Gedanken gewünscht wird.“ — Hatte die Stimme nicht Hall genug, um Widerhall zu finden in den Herzen, oder fehlte es den
Herzen an Resonnanz — denn es kommt wohl vor, daß die Herzen nicht resonniren, obwohl die Köpfe räsonniren — die Schrift
blieb ohne Fortsetzung, also wohl auch ohne günstige Aufnahme.

Man war dem Gedanken an eine Kriegsflotte entfremdet;
der Bau der Amazone wurde mehr bespöttelt als bewillkommt.

Da kam das Jahr 1848, Deutschland sah die Bedrängniß
der Schleswig-Holsteinschen Brüder, sah Deutsche Schifffahrt, ja
Deutsche Waffenmacht geknebelt von dem kleinen übermüthigen
Dänemark. Warum haben wir nicht längst eine Flotte? Das
war die zürnende Frage, wir müssen eine Deutsche Flotte, eine
Deutsche Flagge haben! Das war die Losung des Tages, die
als Klageruf, als Rachegeschrei jetzt plötzlich durch ganz Deutschland ertönte. Was Jahrhunderte lang versäumt worden war,
das sollte in Monaten, in Wochen geschaffen werden. Darin
liegt kein Vorwurf für jene Zeit, die Deutschen waren begeistert,
Begeisterung aber macht das Außerordentliche möglich, so konnte

es ihnen geschehen, daß sie Unmögliches mit Außerordentlichem verwechselten.

Die Nationalversammlung in Frankfurt ernannte einen Ausschuß und ermächtigte ihn, sich mit den Marine = Comite's der Deutschen Seehäfen in Vernehmen zu setzen, auch vom In= und Auslande die erforderlichen Materialien einzuholen. Eine stürmische Aufregung ging durch ganz Deutschland, wie einst Richard rief: ein Pferd! ein Pferd! so rief Deutschland: eine Flotte! eine Flotte! Der Deputirte Radowitz verkannte nicht die Nachtheile der Ueberstürzung bei einer Aufgabe, die eben nur bei der consequentesten zähesten Ausdauer gedeihen kann, und die daher selbst beim Besitz der großartigsten Mittel vor Allem der Zeit bedarf, um diese Mittel zweckmäßig zu verwenden, er warnte vor Uebereilung und leichtsinniger Nichtbeachtung der unübersteiglichen Hemmnisse, indem er sagte: „Ein Volk, das sich vorsetzt, eine Seemacht neu zu schaffen, tritt damit in eine der größten Unternehmungen ein, die es sich überhaupt vorzusetzen im Stande ist."

Der neugeschaffene Marine=Ausschuß brachte zur Lösung dieser größten Unternehmung den besten Willen mit, aber der reichte nicht aus; an gutem Willen, an gutem Rath fehlte es nicht, wenn er auch nicht immer gut war, wo sollte er herkommen? In der ganzen Versammlung war ein einziger Mann, der Erfahrung vom Seewesen hatte, er war ein Mal acht Monate lang Artillerie=Offizier auf einem brasilianischen Kriegsschiff gewesen.

Alle waren in dieser Angelegenheit jung an Einsicht, Jugend aber drängt zur Hast; dazu kam, daß die Noth des Augenblicks, daß der grimmige Zorn über die Fluth von Schmach, die Dänemark über uns ausgoß, zum stürmischen Vorwärts jagte und auch die Besonnensten hätte zu Mißgriffen treiben können.

Es sollte eine Kriegsflotte aus der Erde gestampft werden,

und man meinte, Geld genug genüge; 6 Millionen Thaler wurden dazu vorläufig bestimmt und deren Beschaffung auf die Deutschen Staaten vertheilt. Einige gaben gleich, andere zögernd, andere gar nicht; Preußen gehörte zu den ersten; es erklärte auch über den geforderten Beitrag zahlen zu wollen und ging dabei selbstständig mit dem eignen Flottenbau vor. Sobald Geld vorhanden war, schritt die Nationalversammlung zum Ankaufe von Schiffen, denn zum Bau derselben war keine Zeit, man vergaß aber für Personal und Material zu sorgen und für eine sichere Zufluchtsstätte: für einen Kriegshafen; man glaubte eben Alles zu haben, wenn man Schiffe hätte, aber man hatte sie noch nicht. Zwar war in Newyork ein Kriegsdampfer „Unitad States" angekauft worden, aber die Amerikanische Regierung ließ ihn nicht auslaufen, weil eine Congreß-Acte den Verkauf von Kriegsschiffen nicht gestatte, zwar war die in England erworbene Fregatte „Acadia" schon unterwegs, aber sie scheiterte an der Nordseeküste, zwar langte die „Britannia" mit Ausrüstungs-Material für die genannten Schiffe an, aber die Schiffe langten nicht an und die mitgebrachten Geschütz-Röhre für Kanonen- böte und zum Küstenschutz bestimmt, zersprangen sämmtlich beim ersten Probiren. Unterdessen hatte man viele stürmische Sitzungen mit den Debatten über die Flagge ausgefüllt, welche die erwarteten Schiffe führen sollten.

Der frühere Beschluß, der alte deutsche Reichsadler mit der Umschrift: „Deutscher Bund" ward aufgehoben und statt dersel- ben die Devise gewählt: „Eintracht trägt ein," dem Adler aber sollte zu dem Schwerte der rechten Kralle ein Bündel Pfeile in die Linke gegeben werden mit der Bedeutung: „Deutschland sei auf der Hut nach allen Seiten, Deutschlands Schwert sei gezückt, um Gerechtigkeit zu handhaben, seine Freiheit zu schirmen, seine Ehre zu wahren, Deutschland sei einig, mächtig zu sein und zu bleiben."

Während man so eifrig mit der Flagge beschäftigt war, erklärte plötzlich die Englische Regierung, daß sie keine Deutsche Flagge kenne und solche unbekannte Flagge in See wie die von Seeräuberschiffen behandeln werde; zu gleicher Zeit wurde diese Flagge in Englischen Häfen von Dänischen Matrosen auf das Gemeinste beschimpft, ohne daß es gelang, irgend eine Genugthuung dafür zu erlangen; da erklärte die Preußische Regierung, sie werde ihre Schiffe einer solchen Schmach nicht aussetzen, sondern die ihr zugehörigen Kriegsschiffe unter Preußischer Flagge segeln lassen. Unter so ungünstigen Vorbedeutungen eröffnete das Marine=Departement des Reichs=Handels=Ministers Duckwitz seine Thätigkeit. Es schien, als walte ein eigener Unstern über den maritimen Bestrebungen: Schiffbruch, abgebrochene und aufgehobene Unterhandlungen, von Anfang an ungültige Contracte ließen die auf 17 Kriegsfahrzeuge berechnete Deutsche Flotte nie in's Leben treten. Zwölf Schiffe standen auf dem Papier: 1) Dampffregatte „Erzherzog Johann," 2) desgl. Barbarossa", 3) desgl., 4) Dampfcorvette, 5) desgl., 6) desgl., 7) Segelfregatte „Deutschland," 8) Comodore „Franklin", 9) Dampffregatte „Hamburg," 10) desgl. „Lübeck," 11) desgl. „Bremen," 12) Segelfregatte „Eckernförde." Davon waren Nr. 1 dienstunfähig, Nr. 2 nicht seetüchtig, Nr. 3 nicht eingetroffen, Nr. 4 im Bau, Nr. 5 nicht fertig, Nr. 6 im Bau, Nr. 7, Nr. 8 und 9 nicht seetüchtig, Nr. 10 nicht fertig, Nr. 11 ungenügend bemannt, Nr. 12 in Reparatur!! —

Unabhängig von der Deutschen Flotte, wenigstens nur dem Begriff und den Sympathieen nach mit dieser verbunden, waren die Bestrebungen Schleswig=Holsteins, durch seine Flottille das

Landheer im Kampfe gegen Dänemark zu unterstützen und den wichtigen Kieler Hafen zu schirmen.

Bei einem sicheren Führer: dem Drange der Umstände, bei einem trefflichen Material und der tüchtigen Mannschaft, die den Herzogthümern zu Gebote stand, bei ihrem todesmuthigen Eifer gelang es ihnen im Frühjahr 1849 bereits, 11 Kanonenboote, jedes mit zwei sechszigpfündigen Bombenkanonen, außerdem ein zum Kriegsdienst erbautes Dampfpacketboot von 180 Pferdekraft und ein Schleppdampfboot mit einem Achtzehnpfünder dem Feinde entgegenzustellen. Im Laufe des Sommers kamen noch sieben Kanonenboote hinzu. Die Schleswig-Holsteinischen Schiffe waren, außer den Preußischen, von denen später die Rede sein wird, die einzigen kampffähigen deutschen Schiffe; sie haben wacker gekämpft.

An dem glänzendsten Siege der Schleswig-Holsteiner gegen die Dänische Flotte hatten ihre Schiffe keinen Antheil, das war der Sieg bei Eckernförde am 5. April 1849. Das Linienschiff „Christian VIII." mit 84 Kanonen, die Fregatte „Gefion" mit 48 Kanonen, eine Corvette und zwei Dampfschiffe, „Hekla" und „Geyser," nebst drei Transportschiffen warfen in der Nacht vom 4. zum 5. April Anker in der Bucht von Eckernförde und beschossen Morgens um 7 Uhr die Nordbatterie des Strandes, welche das Feuer kräftig erwiderte. Nachdem die Kanonade von beiden Seiten drei Stunden lang gewährt hatte, ohne irgend einen sichtlichen Erfolg herbeigeführt zu haben, wandten sich die Schiffe gegen die Südbatterie und beschossen sie mit gesteigerter Heftigkeit; die Batterie erwiderte das Feuer in gleicher Weise; plötzlich wurde eine unruhige Bewegung auf dem Linienschiffe bemerkt, eine weiße Flagge wurde aufgehißt, das Feuer schwieg auf beiden Seiten. Das Schiff sandte einen Parlamentair nach der Batterie und verlangte freien Abzug für die Schiffe, widrigenfalls die Stadt mit glühenden Kugeln iu Brand gesteckt werden würde. Es erfolgte die Antwort: das Feuern würde fortdauern, so lange ein Geschütz und ein Schuß sich in der Batterie befände. Der Kampf entbrannte von Neuem, nur die Dampfschiffe entzogen sich ihm, indem sie die hohe See suchten. Bald verstummte das Feuer auf der „Gefion," gleich darauf auch das auf dem „Christian," die stolze Danebrogflagge senkte sich, beide Schiffe verlangten Capitulation. Unendlicher Jubel vom Ufer her erscholl! Aber ehe noch die Schiffe von den Schleswig=Holsteinern in Besitz genommen werden konnten, hüllte das Linienschiff sich in Rauch und Qualm und flog wenige Augenblicke darauf in die Luft; nur die „Gefion" war die Beute des Tages.

Ein ähnlicher Tag ist nicht wiedergekehrt, er blieb der Glanz= und Gipfelpunkt des ganzen Krieges, aber wacker gekämpft haben die Schleswig=Holsteinischen Schiffe, bei jeder Gelegenheit mit gleichem Muth, wenn auch nicht mit gleichem Glück; so kämpften sie vor dem Kieler Hafen drei Stunden lang mit einer überlegenen Dänischen Macht und zwangen sie endlich mit Hülfe einiger herbeigeeilten Kanonenböte zum eiligen Rückzuge.

Als Dänemark nach dem Frieden mit Deutschland seine ganze Kraft auf den Kampf gegen Schleswig=Holstein wenden konnte, hielt sich die kleine Flotte überaus brav und zwang unter Anderem den „Geyser" nach heftigem Kampfe zur Flucht, obwohl der Capitain desselben kurz vorher sich gerühmt hatte, er werde, ohne einen Schuß zu thun, die Insurgentenböte nehmen oder sie in den Grund laufen.

Selbst da, wo die überlegene Macht den Dänen zum Siege verhalf, wurde er ihnen nicht leicht gemacht oder sie doch um den Preis des Sieges gebracht; so wurde ein Kanonenboot, das der Lieutenant Lange commandirte, durch die Kriegsschiffe „Hekla" und „Walkyrien" genöthigt Schutz im Travemünder Hafen zu suchen. Da ihm der Schutz aber nur unter der Bedingung der Entwaffnung zugestanden wurde, zog er es vor, wieder in See zu gehen, gerieth durch Unvorsichtigkeit des Lootsen auf den Grund und steckte sein Schiff, um es nicht in Feindes Hand gerathen zu lassen, selbst in Brand; dagegen glückte es an demselben Tage dem Lieutenant Schau, den überlegenen „Holgerbanske" nach anderthalbstündigem Kampfe in die Flucht zu jagen. — Blieb auch der Seekrieg im Ganzen ohne große Resultate, so zeigte er doch durch das, was der kleine vereinzelte Theil Deutschlands leistete, was das vereinigte Deutschland leisten könnte, wenn es einig wäre.

Von der großen deutschen Flotte war kein Schiff in See gegangen. Nach dem Frieden verfaulten die Schiffe in dem Hafen und auf den Werften, und da die meisten Flotten-Matrikularbeiträge der deutschen Staaten zum größern Theil säumig oder gar nicht eingingen, erlebte Deutschland die Schmach, daß seine Flotte an den Meistbietenden verkauft werden mußte, um die nicht bezahlten Schiffbauer, Lieferanten und Handwerker befriedigen zu können. Nicht die Schläge des Schicksals, die Hammerschläge des Auctionators vernichteten ein Werk, das mit so großen Verheißungen, mit so großen Opfern und so großen Worten angefangen hatte. Was klein enden will, muß groß anfangen.

Unterdessen war die kleine bespöttelte Preußische Flotte ihren stillen, unscheinbaren Gang weiter gegangen; sie bestand Anfangs des Jahres 1848 aus zwei Kanonenjollen, dem kriegsmäßig ausgerüsteten Postdampfschiff „Adler" und der Segelcorvette „Amazone". Der Krieg mit Dänemark forderte gebieterisch rasche Vergrößerung der Seemacht und nöthigte vom planmäßigen, ruhigen Fortschreiten abzugehen. Noch vor Bewilligung der oben erwähnten 6 Millionen wurden 18 Kanonenböte

in Bau genommen; schon am 10. August lief das erste, „Stral=
sund" vom Stapel. Den vielen Privatvereinen, welche sich zur
Herstellung von Kriegsschiffen bildeten und die mit eben so viel
Anerbietungen voller Opferfreudigkeit als mit Bedingungen vol=
ler Unkenntniß hervortraten, wurde erwidert, daß die von ihnen
zu bauenden Fahrzeuge nach den von der Commission genehmig=
ten Zeichnungen erbaut und sodann der Marinebehörde überge=
ben werden müßten, welche die Armirung und Bemannung zu
übernehmen hätte. Die reichste und beachtenswertheste Gabe je=
ner Zeit ist der Schooner „Frauengabe", der von edlen Frauen
dargebracht und dessen Name später vom König in den: „Frauen=
lob" verwandelt wurde. Von seinem spurlosen Verschwinden
auf der Expedition nach Japan wird später die Rede sein.

Die erste Flottillen=Uebung der 18 Kanonenböte ergab so
befriedigende Resultate, daß sofort noch in demselben Jahre der
Bau von 33 anderen angeordnet wurde. Neben dieser selbst=
ständigen Thätigkeit für die Marine zahlte Preußen an die
Frankfurter Marine=Abtheilung pünktlich seine Matrikular=Bei=
träge und sah sich nach Aufhebung des Malmöer Waffenstill=
standes genöthigt, seine junge Flotte in Thätigkeit zu setzen, denn
das Deutsche Reich hatte zwar einen Seezeugmeister für die Ostsee
und einen Commandeur des Nordseegeschwaders, aber Beide hat=
ten nicht e i n seetüchtiges Boot, das sie konnten auslaufen lassen.
Freilich war auch die Preußische Marine noch ohne Bedeutung,
sie vermochte nicht angriffsweise zu verfahren, sondern mußte
sich darauf beschränken, den Dänen das Einlaufen in den offenen
Hafen von Swinemünde und das Landen in dessen Nähe zu ver=
wehren, und doch war ihre Einwirkung eine unverkennbar gün=
stige. Während alle Unternehmungen der Dänen im vorhergehen=
den Jahre von übermüthiger Sicherheit gezeugt hatten, zu der sie
leider berechtigt waren, da wir ihnen völlig wehrlos gegenüber

standen, so zeigten sie in diesem Jahre eine so große Zurückhaltung, daß selbst Handelsschiffe es wagen durften, unbelästigt ein- und auszulaufen. Zum Kampfe auf offenem Meere kam es nur einmal, seit Jahrhunderten zum ersten Male wieder. Am 27. Juni wurde dem Commandanten des „Adler," Lieutenant Barrandon, gemeldet, daß ein Dänisches Kriegsschiff einige Kauffahrer verfolge; er ließ den „Adler" sofort in See laufen und hielt auf das Schiff, die Dänische Brigg „St. Croix," die das Gefecht annahm; es währte, ohne daß es zur Entscheidung kam, fünf Stunden lang, bis der Einbruch der Nacht ihm ein Ende machte; obwohl es nicht zum Siege führte, gereicht es der Mannschaft doch zur Ehre; ein Schiff mit nur 4 Geschützen armirt, hatte den Kampf gegen eins, das 16 Geschütze führte, unerschrocken begonnen und ihn fünf Stunden lang tapfer fortgesetzt, ohne zu unterliegen. Bis zum jüngsten Schiffsjungen herunter hatte die Mannschaft eine Sicherheit und Kühnheit gezeigt, die von ihrem Admiral mit hoher Anerkennung belobt wurde; es war, als ob die Zeit des großen Kurfürsten wiedergekehrt sei, die Zeit, da die Brandenburgischen Schiffe jeden Kampf mit den feindlichen, auch den ungleichsten annahmen und aufsuchten, weil sie sich sagten, ihre Flagge könne nicht unterliegen.

Machte der Friede auch der kriegerischen Thätigkeit der Flotte bald ein Ende, hörte doch die Thätigkeit für die Flotte nicht auf; unbedrängt von der Noth, also auch unbeirrt durch augenblickliche gebieterische Forderungen ging das Schaffen einer Kriegsmarine seinen ruhigen ungestörten Gang weiter und arbeitete für die Zukunft.

Im Juli des Jahres 1849 bestand die Preußische Marine aus folgenden schlagfertigen Schiffen: 1 Segelcorvette, 2 Dampfschiffen, 20 Schaluppen und 6 Jollen mit einer Armirung von 67 Geschützen und einer Besatzung von 37 Offizieren und

1521 Mann; in der Formation waren begriffen 6 Schaluppen und 1 Dampfer, so daß der ganze Bestand sich auf 3 größere Fahrzeuge, 26 Schaluppen und 6 Jollen belief; die Bemannung der Schiffe wurde in Matrosen und Seesoldaten getheilt, und sollten zu den ersten nur solche genommen werden, die bisher schon Seefahrer gewesen. Um für die eigenthümliche Thätigkeit und Fertigkeit der Matrosen der Kriegsschiffe eine gute Vorschule zu begründen, wurde in Hamburg das Schiff „Merkur" angekauft, dasselbe zur Uebung für Schiffsjungen bestimmt und deren Stärke auf hundert Köpfe festgesetzt; ausgewählt wurden dazu besonders Söhne von Matrosen, Küstenfahrern und Seeschiffern. An reichlicher Auswahl fehlte es nicht; der Andrang zum Dienst in jedem Zweige der Marine war ein so lebhafter, daß das zehnfache Bedürfniß hätte gedeckt werden können. Dieser Andrang nahm mit der Zeit nicht ab, sondern er steigerte sich, ein Beweis, daß er nicht Erzeugniß einer modernen Strömung, nicht hervorgegangen war aus dem Reiz der Neuheit, sondern aus einem innern Drange, der, ob auch bei den Jüngeren unbewußt, Kunde davon gab, wie tief in unserm ehrenhaften Volke die Ueberzeugung lebt: Zu Wehr und Ehr des Landes gehört eine Flotte. Wie eine Errungenschaft wurde es, nicht nur von den Söhnen, nein, von der ganzen Familie betrachtet, wenn einer von den Ihren auf der Flotte diente. Als im Jahre 1850 der „Mercur" zu einer Uebungsfahrt nach Brasilien ausgesandt wurde, schrieb einer der Jünglinge, nachdem das Schiff den Sund passirt hatte, an seine Eltern: „Es war ein herrlicher Anblick. Alle möglichen Nationen sah man hier friedlich durch einander gemischt, von denen jede bemüht war, beim Wettsegeln den Preis davon zu tragen; obgleich wir fast die letzten waren, gelang es uns dennoch, in Zeit von zwei Stunden allen übrigen Schiffen den Rang abzulaufen, und jetzt wehte der Preußische Adler am

13*

Bord des „Mercur" stolz den Flaggen aller übrigen Nationen voran. Bald erhob sich eine frische Brise und gegen Abend hatten wir alle Nachsegler aus den Augen verloren."

In demselben Jahre wurden die bisher für die Reichsmarine gezahlten Beiträge zur Vermehrung der Preußischen Flotte verwendet, dadurch wurde es möglich, die Zahl der Kriegsfahrzeuge zu vermehren: 2 Dampfböte, jedes zu 160 Pferdekraft, „Nix" und „Salamander" wurden in England bestellt („Salamander" kam im December desselben, „Nix" im Februar des folgenden Jahres an), zugleich wurde in Danzig der Bau eines Dampfschiffs mit 12 Bombenkanonen und 400 Pferdekraft unternommen; Englische Techniker, die das im Bau begriffene Schiff besichtigten, versicherten, daß es alle ihre Erwartungen weit überträfe; schon im folgenden Jahre lief es vom Stapel und bewährte durch seine Leistungen jenen Ausspruch. Die Vergrößerung des Materials bedingte auch eine Vergrößerung des Personals, namentlich in den oberen Stellen. Es mußte bei dieser Vergrößerung berücksichtigt werden, daß die kaum entstandene Flotte bei ihren, obgleich tüchtigen, doch nothwendig noch sehr jugendlichen Leistungen aus der Zahl ihrer Offiziere keine Auswahl dazu bieten konnte, und doch war es unerläßlich, daß der Flotte Offiziere zu Gebote standen, deren erprobte Erfahrungen ausreichten, um größere Schiffe selbstständig commandiren zu können, denn es bot sich eine prächtige Gelegenheit, die Preußische Marine bedeutend zu erweitern; die Veräußerung des Deutschen Nordseegeschwaders gestattete, die brauchbarsten Schiffe desselben für die Preußische Marine zu erstehen, nämlich: die Fregatte „Gefion" und die Dampfcorvette „Britannia," von denen jene für 262,500 Gulden erstanden und „Eckernförde" genannt wurde, während die andere für 451,200 Gulden erkauft und „Barbarossa" genannt wurde. Mit den beiden Schiffen übernahm der Staat zugleich alle geborenen Preußen, welche mit 11 Offizieren, 380 Matrosen und Seesoldaten nebst 28 Schiffs= jungen die Besatzung der neuerworbenen Schiffe bildeten; Schwe= den aber beurlaubte auf Verwenden des Prinzen=Admiral 3 See= offiziere von seiner Flotte zum Dienst auf der Preußischen. Wie hatten die Zeiten sich geändert! Die Macht, deren Ueberlegen= heit und deren Uebermuth vor Jahrhunderten unsere Flotte ins Leben gerufen, gegen die ein Kampf geführt wurde auf Leben und Tod, dieselbe Macht bot jetzt wohlwollend die Hand, um durch ihre erprobten Seemänner unserer jugendlichen Unerfahren= heit Rath und Beistand zu gewähren; überhaupt diente Schwe= den, das in neuester Zeit durch zeitgemäßen, besonnenen Fort= schritt sein Seewesen reformirt und gehoben hatte, dem unsern als Muster und war uns eine wesentliche Hülfe bei allen ma= ritimen Bestrebungen.

Damit Schiffe und Mannschaft nicht müssig blieben, wurde eine See=Expedition der Schiffe „Gefion", „Merkur", Dan= zig" und „Amazone" nach der Westküste von Afrika, sodann Rio Janeiro, La Plata, Barbados, Laguerra, Carthagena, Vera Cruz und Havanna unternommen. Während ihrer Reise wurde an der inneren Entwickelung, an der nothwendig mit dem Umfang der Flotte fortschreitenden Organisation gearbeitet, und das De= pot, das sich früher in Swinemünde, dann in Stettin befunden, nach Danzig verlegt. Wichtiger war, daß in demselben Jahre (1853) die Verwaltung der Flotte einem selbstständigen Marine= Collegium übergeben wurde, welches den Namen Admiralität erhielt. So lange die Marine unter dem Großen Kurfürsten mit einer andern Behörde, der des Handels, verbunden gewesen, so lange waren die Interessen dieser Behörde den ihrigen oft störend und hemmend in den Weg getreten. Konnte man das auch von der bisher stattgefundenen Unterordnung der jungen Flotte unter das Kriegsministerium nicht behaupten, da vielmehr die Marine unter seiner Verwaltung sichtlich und erfreulich sich entwickelt hatte, so zeigte doch das Beispiel aller andern Seemächte, wie nothwendig die Selbstständigkeit der Marineverwaltung sei. Ob auch die Aufgabe der Kriegsflotte immer bleiben wird, gleich dem Landheere Schutz und Schirm des Vaterlandes zu sein, und ob auch deshalb das Kriegsministerium die geeignetste Behörde sein wird, der sie untergeordnet werden kann, wenn sie über= haupt untergeordnet werden soll, so ist doch zu erwä= gen, daß die Flotte nicht allein kriegerischen, daß sie auch diplo= matischen und merkantilen Zwecken zu dienen hat und daß nur eine selbstständige Verwaltung sie vor der Gefahr sichert, Neben= rücksichten untergeordnet zu werden, während es nur eine Rück= sicht giebt, der sie dienen soll: der Rücksicht auf das Wohl des ganzen Vaterlandes.

Mit der Errichtung der Admiralität war zugleich die Er= richtung des Marine=Stations=Commando's verbunden, unter dem sämmtliche Marine=Offiziere standen, die nicht zur Admiralität commandirt waren, und gleichzeitig mit beiden erfolgte ein Erwerb, der für die Geschichte der preußischen Marine eben so merkwür= dig als wichtig, ja, der unerläßlich war, sollte sie zu der rechten Bedeutung gelangen: Der Erwerb eines Nordseehafens. Schon der Große Kurfürst hatte erkannt, von welcher Wichtig= keit ein solcher Besitz für Preußen und seine Flotte sei und hatte deshalb, rasch entschlossen, die Gelegenheit wahrgenommen, welche ihm die ungestörte Benutzung des Embener Hafens gewährte; dem Verlust der Flotte folgte der Verlust dieses Benutzungsrech= tes. Als unter Friedrich dem Großen der Erwerb von Ost= Friesland ihm jenen Hafen wiedergab, lag es nicht in den Plä= nen des Königs, den Wiedergewinn nutzbar zu machen, sein Va= ter und Großvater hatten die Schiffe verfaulen lassen, die Co=

Ionieen verkauft; andere zu erwerben oder zu erbauen, dazu hielt
er die Stellung seines Landes und die Zeit nicht berufen; so
ging jener wichtige Wiedererwerb in seinen Wirkungen spurlos
vorüber, und als der Wiener Congreß dem Preußischen Staat
manches, das er früher sein nannte, darunter auch Ostfriesland,
nicht wieder gewährte, da wurde der Verlust dieses treuen Land-
strichs und seiner wichtigen Küste wenig bedauert, man bedauerte
Anderes und war sich der Bedeutung des Verlustes nicht bewußt. Sollte aber Preußens Marineschöpfung mehr sein als
eine kostspielige Spielerei, sollte ihr Anfang mehr sein, als der
Anfang vom Ende, wie er es schon einmal gewesen, sollte Preußen jemals eintreten wollen in die Reihe der Seemächte, dann
war der Erwerb eines Kriegshafens an der Nordsee unerläßlich.
Die Befriedigung dieses Bedürfnisses, oder doch die Aussicht dazu
wurde ihm jetzt gewährt durch die Erwerbung des Jahdegebiets
von Oldenburg. Schon Napoleon I. hatte die hohe Wichtigkeit
dieses Gebietes für die Anlage eines Kriegshafens erkannt und
die Ausarbeitung eines darauf bezüglichen Planes befohlen; an
der Ausführung desselben hinderte ihn, selbst in der Zeit, da er
das Festland beherrschte, die Herrschaft zur See, in deren Besitz England unbestritten blieb; auch als Hannover, Oldenburg,
Hamburg und Bremen im Jahre 1848 über den Küstenschutz
ihrer Gebiete beriethen, war ihnen die Wichtigkeit dieses Gebietes nicht entgangen, sie hatten es in den Kreis ihrer Berathungen
hineingezogen, aber sie waren nicht über den Kreis des Rathes
hinaus, nicht bis zur That geschritten. Im folgenden Jahre
sandte die Reichsmarineverwaltung eine Commission nach dem
Jahdegebiet, welche einstimmig die hohe Wichtigkeit desselben für
die Anlage eines Kriegshafens aussprach, doch blieb es auch hier
beim Sprechen. Einige Jahre später faßten mehrere Norddeutsche
Staaten das Jahdegebiet in's Auge, als sie beabsichtigten, eine

norddeutsche Flotte zu errichten; es blieb bei der Absicht; erst
im Jahre 1853 trat, allen überraschend, Preußen mit dem Ver=
trage hervor, den es mit Oldenburg über die Abtretung jenes
Gebietes geschlossen, unter Vorbehalt der Genehmigung der Kam=
mern, die unbedenklich erfolgte. So unwichtig dieser Erwerb
seinem Flächeninhalt nach, so wichtig ist er seiner Beschaffenheit,
seiner Bedeutung nach. Die Jahde ist in ihrer ganzen Länge
von der See bis in den Meerbusen hinein für die größten Kriegs=
schiffe zu jeder Zeit fahrbar; auch bei vollständiger Windstille ist
sie vermittelst des Fluth= und Ebbestroms in einer Fluth= und
Ebbezeit zu passiren; sie ist durch das vorspringende Festland
gegen Stürme geschützt, und da selbst größere Kriegsschiffe direct
in die Weser und in die Elbe gelangen können, so sind die Mün=
dungen dieser Flüsse von hier aus vollständig zu beherrschen; da
der Jahdebusen überdies niemals fest zufriert, so bietet er alle
die seltnen Eigenschaften und Vortheile, welche für einen Kriegs=
hafen nothwendig oder auch nur erwünscht sind. Preußen trat
durch diesen Erwerb und durch die Vermehrung seiner Flotte
aus dem Anfangs von der Nothwendigkeit gebotenen Stadium
der bloßen Vertheidigung heraus, es konnte sich verpflichten, Ol=
denburgs Seehandel und Seeschifffahrt unter den Schutz der
Preußischen Kriegsmarine zu stellen, und die freudige Zustim=
mung, mit welcher der Landtag diesen Vertrag begrüßte, zeigte,
wie die Nation in ihren Vertretern mit diesem Herausschreiten
aus den bisherigen Grenzen sympathisirte und gesonnen war,
willig die Geldopfer darzubringen, die dadurch für alle Zukunft ihr
auferlegt wurden. Preußen ist durch diesen Erwerb rechtlich und
thatsächlich in die Reihe der Nordseestaaten eingetreten, es hat
damit die Führung aller jetzigen und künftigen Deutschen Flot=
tenbestrebungen übernommen und dadurch eine Aufgabe sich ge=

stellt, eben so groß als schwer, aber auch ebenso gewinnreich als ruhmvoll.

So hat denn Preußen zum dritten Mal einen Nordseehafen erlangt, möge dieser Besitz fester gehalten werden, als die beiden ersten Male; der gleichzeitige Besitz einer Kriegsflotte macht das Festhalten leichter und würde den Verlust schmachvoller machen. Die Zukunft ist den Blicken verborgen, aber Gott lenkt die Geschicke der Völker, und Preußens Geschick hat er so sichtbar auch durch dunkele Tage hindurch zu immer höherer Machtentfaltung geführt, daß wir auch der Entfaltung seiner Flagge auf dem Meere eine fröhliche Zukunft verheißen können.

Während so in der Heimath für die Flotte gesorgt und gearbeitet wurde, erfüllten die vorbezeichneten Schiffe die ihnen gestellte Aufgabe; wo sie in einen Hafen einliefen, wo sie mit den Seemännern anderer Flotten in Berührung kamen, fand ihre practische Tüchtigkeit, ihre ungewöhnliche Bildung hohe Anerkennung. Die junge Flotte hatte eine große Auswahl unter den Aspiranten zum Seedienst und machte dies Vorrecht mit großer Strenge geltend; sollte doch ein Cadet von der Flotte entfernt werden, weil auf seinem Vater von früherer Zeit her ein leiser Makel haftete, bis festgestellt wurde, daß der Cadet einer der ausgezeichnetsten jungen Leute war, und daß der Vater durch sein späteres Leben die frühere Uebereilung in den Augen aller Rechtlichen vollständig gesühnt hatte. Ebenso tüchtig als das Personal war das Material. Diese Tüchtigkeit der Schiffe und ihrer Ausrüstung konnte nur dadurch erreicht werden, daß alle dazu nöthige Arbeit von militairisch organisirten, jeden Augenblick beaufsichtigten Kräften ausgeführt wurde, wie dies bei allen bestehenden Kriegsmarinen geschieht; zu dem Zweck wurde ein Werftcorps gebildet, welches aus Handwerkern bestand, die beim See=Bataillon oder unter den Matrosen dienten, und deren Hand=

thierung in irgend einer Art beim Schiffbau Anwendung findet; das Werftcorps besteht aus einer Maschinisten-Abtheilung und einer Handwerker-Compagnie, 300 Mann stark. Alles das ist mehr ein Werden als ein Sein, aber es ist ein frisches Wachsthum darin sichtbar, das sich ebenso fern hält von übereilter Ueberstürzung als von träger Ruhe; doch vergeht kein Jahr, in dem nicht selbst dem Auge des Laien ein rüstiger Fortschritt sichtbar wäre.

Auch das Jahr 1854 brachte einen solchen, bei dem sich für unsere junge Marine das Sprüchwort bewährte: Jugend hat Glück. Die Fregatte Gefion bedurfte dringend einer neuen Kupferbekleidung, durch diese unerläßliche Reparatur wurde das Schiff auf längere Zeit dienstunfähig und entstand die Nothwendigkeit, ein anderes ähnliches Schiff zu besitzen; dazu bot sich eine ebenso unerwartete als erwünschte Gelegenheit. England, eben damals in den Krieg mit Rußland verwickelt, bedurfte zweier Dampfkanonenboote als Avisoschiffe, unsere Marine besaß zwei solche, Nix und Salamander, die leicht entbehrt werden konnten und gern in Tausch gegen die durch ihre Trefflichkeit berühmte Fregatte „Thetis“ hingegeben wurde. Da England gerade Ueberfluß an solchen Schiffen, aber Mangel an Avisoschiffen hatte, kam Preußen durch eine günstige Verkettung von Umständen in den Besitz eines vorzüglichen Schiffes, zu dessen Veräußerung die englische Admiralität nur durch den augenblicklichen Drang der Zeit vermocht werden konnte; das so glücklich erworbene Schiff hat sich bei jeder Gelegenheit ausgezeichnet bewährt. So konnte die preußische Marine im Jahre 1855 zwei stolze Fregatten von 48 und 38 Kanonen, 2 Dampfcorvetten mit 12 Bombengeschützen, eine Segelcorvette, ein Uebungsschiff für Schiffsjungen, zwei Schooner, 36 Kanonenschaluppen und 6 Jollen in seetüchtigem, kampffähigem Zustande aufweisen, während zwei Kriegs-

dampfer von je 28 Kanonen, „Arcona" und „Gazelle" jede von
300 Pferdekraft im Bau begriffen waren. Außerdem wurden
der Schooner „Iltis" und das Dampfschiff „Royal-Victoria"
bei den Arbeiten im Jahdebusen beschäftigt. Die höheren Stellen
bei der Marine wurden unterdessen mehr und mehr an geborene
Preußen übertragen; ein so nationales Unternehmen sollte auch
in der Besetzung immer mehr ein vaterländisches, vom Auslande
unabhängiges und die Kameradschaftlichkeit unter den Land= und
Seetruppen förderndes werden. Das Ausland, das Anfangs
die maritimen Anstrengungen Preußens kaum beachtet, und wo
es geschehen war, sie mehr bespöttelnd als anerkennend bemerkt
hatte, fing an, sich immer vortheilhafter über die Persönlichkeiten
der Offiziere, sowie der Mannschaft auszusprechen, wenn die
preußischen Schiffe für diplomatische oder merkantilische Zwecke
Sendungen nach fernen Städten oder Welttheilen ausführten.
Als im Jahre 1855 der Prinz-Admiral mit einem Geschwader
von sechs Schiffen, das sich später zur Ausführung ähnlicher
Sendungen trennen sollte, Helsingörs verließ, war die Anerken=
nung eine so allgemeine, daß die ganze Mannschaft ihre stolze
Freude daran hatte. Der „Hamburger Correspondent"
sagt in seinen Mittheilungen über die Anwesenheit der preußischen
Flotte: „Wir können diesen Bericht nicht schließen, ohne auszu=
sprechen, daß die Schiffsparaden und Besichtigungen sowohl auf
die dänischen Marineoffiziere, als auf die an's Land gekommenen
Offiziere und Mannschaften durch ihre Haltung einen sehr vor=
theilhaften Eindruck zurückgelassen haben."

Es hatte in der Natur der Sache gelegen, daß die Flotte
bisher fast nur Triumpfe friedlicher Art feiern konnte, sie hatte
kaum mit andern Feinden zu kämpfen gehabt als mit feindlichen
Elementen; mit denen hatte sie manch' schweren Strauß gehabt
und glücklich bestanden; die Nothtaufe hatte sie erhalten, die

Feuertaufe noch nicht, auch die sollte nicht ausbleiben. — Der Prinz-Admiral hatte die Schiffe „Thetis", „Frauenlob" und „Amazone" nach ihren verschiedenen Bestimmungen entlassen und war mit der „Danzig" nach Gibraltar gegangen, um dort Kohlen einzunehmen und sodann nach Constantinopel abzugehen. Da er in Gibraltar die nöthigen Kohlen nicht fand, Algier aber dergleichen bieten sollte, nahm er seine Richtung dahin und kam dadurch an der Nordküste Marokko's in die Gegend eines Piraten- riffs, woselbst in früherer Zeit das preußische Handelsschiff „Flora" von Piraten war überfallen und beraubt worden. Der Prinz, der die Möglichkeit in's Auge faßte, daß diese Angelegenheit zu Verwickelungen führen könnte, wollte die Gelegenheit wahr- nehmen, sich mit eigenen Augen zu überzeugen, ob gegen diesen Punkt eine Unternehmung ausführbar sein möchte, da er aber keine königliche Autorisation hatte, jenen Ueberfall zu rächen, so wollte er sich darauf beschränken, friedlich mit den Booten die Küste entlang zu fahren. Die Unsicherheit der dortigen Zustände gebot, daß die Bemannung bewaffnet war; da diese aber, denn jener Ueberfall war nicht unbekannt geblieben, leicht hätte glau- ben können, es sei eine kriegerische That erst beabsichtigt und dann nicht ausgeführt worden, dieser Glaube aber ihr Ehrgefühl ver- letzt haben würde, so befahl der Prinz, daß die Offiziere während der Fahrt in ihrer Unterhaltung sich über den eigentlichen Zweck aussprächen, so daß ein Mißverständniß unmöglich wäre. Wäh- rend dieser Unterhaltung fuhren sie um das Cap herum. Das- selbe besteht aus Höhen, die bis zu 2000 Fuß ansteigen, gegen die See in steilen, zerklüfteten Felswänden abfallen und nur an einer Stelle eine Einbuchtung darbieten, die ersteigbar ist. Am 7. August, Morgens halb sieben Uhr, anderthalb Meilen vom Lande entfernt, hatte der Prinz die leichten Boote aussetzen und sie nach der vorhin bezeichneten Einbuchtung richten lassen, woselbst bei größerer Annäherung eine Anzahl von Mauren bemerkt wurde, die als Friedenszeichen ein weißes Tuch aufgesteckt hatten.

Der spätere Verlauf läßt die Vermuthung aufkommen, daß sie das gethan, um zu einer Landung zu verlocken, und die Verlockten dann zu überfallen. Die „Danzig" hatte sich unterdessen der Küste bis auf eine halbe Meile genähert, die Bote kehrten zu ihr zurück; der Prinz gestattete der Mannschaft eine anderthalbstündige Ruhe und setzte dann die Recognoscirung fort. Die weiße Flagge wehte noch immer, aber ungeachtet dieses Friedenszeichens fiel plötzlich, als die Boote dicht unter einem unersteiglichen Felsen dahin fuhren, ein Schuß, und eine Kugel schlug ganz nahe dem Rande des einen Bootes in's Wasser; da befahl der Prinz, einige Gewehre nach der Richtung abzufeuern, aus welcher der Schuß gekommen war, worauf die Mauren aus ihrer gedeckten Stellung ein lebhaftes Gewehrfeuer auf die Boote eröffneten. Jetzt galt es nicht einen früheren Angriff, sondern eine neue Beleidigung der preußischen Flagge zu strafen und zwar auf der Stelle, weil es bekannt war, daß von Seiten der maroccanischen Regierung keine Genugthuung zu erlangen sei, indem selbst England und Frankreich, wenn sie sich beschwerten, statt derselben nur die Antwort erhielten: der Kaiser könne gegen die Riffpiraten nichts thun, die Beleidigten möchten sich selbst Recht verschaffen. Der Prinz befahl daher der Corvette, die bereits aus eigener Bewegung die Anker gelichtet hatte, die sich in immer größerer Zahl versammelnden Mauren mit Bomben zu bewerfen, zugleich ließ er dem Ufer näher rudern, um zu landen. Bei genauerer Uebersicht zeigte sich, daß die Mauren die nahen Hügel und Schluchten mit großer Uebermacht besetzt hatten, daß ihre Position mit dem Hinterlande in bequemer Verbindung stand und von dort her immer neue bewaffnete Zuzüge erhielt. Da befahl der Prinz, in mehr nördlicher Richtung nach dem Strande zu rudern, theils, weil dort kein Feind sichtbar, theils weil dies die einzige Stelle war, welche die Möglichkeit einer Landung zeigte.

Während die Boote dahin flogen in einer Richtung neben einander, von den taktmäßigen Ruderschlägen in vollster Kraft der Begeisterung dem Feinde entgegentrieben, beschossen die Feinde ihre Flanke mit unausgesetzten Schüssen, aber die Mannschaft achtete ihrer nicht, kaum berührten ihre Boote den Grund, so stürzten sich Alle, der Prinz voran, unter Hurrahruf in's Meer, erklommen das steile Ufer und kletterten, Hände und Füße brauchend, den 200 Fuß hohen, jähen Erdabsturz hinan; er war so steil, daß die Kletternden, ob sie auch ihrer Hände sich bedienten, zum Theil sich nicht halten konnten, sondern wieder in die Tiefe zurückrollten. Als sie auf dem Gipfel anlangten, wurden sie von Mauren empfangen, denen es gelungen war, im raschen Laufe ihnen zuvorzukommen. Die Feinde wurden zurückgedrängt, aber ihre Anzahl wuchs von Minute zu Minute, so daß das Gefecht zum Stehen kam; während dieser Zeit, mitten im dichten Kugelregen, wurde die preußische Flagge aufgerichtet, indeß das Feuer vom Schiff aus eine Schlucht frei hielt, auf deren jenseitigem Rande eine überwiegende Macht aufgestellt war, die den rechten Flügel der Preußen bedrohte; aber auch auf dem linken Flügel wurde die feindliche Uebermacht so groß, daß der Prinz es für geboten hielt, den Rückzug zu befehlen, der mit einer solchen Ordnung und Sicherheit angetreten wurde, daß die Mauren nicht wagten, zu folgen. Erst als der letzte kleine Trupp der die Einschiffung decken sollte, sich aufstellte, näherte sich der Feind, doch ließ er auch diesem Trupp Zeit, die Boote mit den Verwundeten und Todten zu erreichen; nur drei der letzteren waren auf dem Kampfplatz zurückgeblieben. Zu den Verwundeten gehörte der Prinz, der ziemlich früh einen Schuß in den Schenkel erhielt, ohne sich dadurch im Vordringen aufhalten zu lassen; zu den Todten gehörte sein Adjutant, der dicht an seiner Seite den tödlichen Schuß in die Brust erhielt. Unter der Mann= schaft herrschte selbst nach dem Rückzuge die freudigste Begeisterung: die preußische Kriegsflagge hatte ihre Genugthuung erhalten, hatte mitten im Kugelregen stolz im feindlichen Lande, hatte seit fast zwei Jahrhunderten zum ersten Male wieder auf afrikanischem Boden geweht.

Frage Keiner, was hat dieser blutige Kampf genützt? Er hat die Mannschaft, er hat ihr Ehrgefühl gehoben; das ist ein Gewinn, der freilich nicht nach Thalern und Quadratruthen zu bemessen ist, der aber höher steht als beide, und ohne den der Besitz beider ohne Werth und — ohne Sicherheit ist. Der Ge= winn, den der Kampf am Piratenriff brachte, ist mit 7 Todten, (1 Offizier und 6 Mann) und mit 17 Verwundeten (2 Offiziere und 15 Mann) zwar schmerzlich, aber nicht zu theuer erkauft. Alle die jene Expedition mitmachten, denken mit Freuden daran zurück und werden von ihren Kameraden beneidet.

Unter der Mannschaft, die zur Bewachung der Boote zu= rückbleiben sollte, befand sich ein Schiffsjunge von 15 Jahren; er bat, er beschwor den Prinzen, ihn beim Angriff mitzunehmen, er war außer sich, daß er nicht mit sollte, er weinte, er flehte, bis ihm gestattet wurde, die Expedition mitzumachen; da zeigte er eine ausgelassene Freude, während des Gefechts aber ein so furchtloses Benehmen, eine so kaltblütige, besonnene Entschlossen= heit, daß sie dem Aeltesten Ehre gemacht haben würde. Er ge= hörte auch zu den Todten.

Der Vorfall selbst hatte keine weiteren Folgen.

Die Marine ging ihren stillen, aber stätigen Gang fort; sie übte Jahr für Jahr Offiziere und Mannschaften durch Expe=

bitionen, die theils eben nur der Uebung wegen, theils für höhere Zwecke unternommen wurden; so ging die Dampf-Fregatte: „Danzig" nach dem Mittelmeer und dem schwarzen Meer, Fregatte „Thetis" und Schoner „Frauenlob" nach Süd-Amerika, Fregatte „Gesion" nach Süd- und Nord-Amerika; die Schiffe „Arcona," „Thetis," „Frauenlob" und „Elbe" führten in einer mehrere Jahre dauernden Expedition den Grafen Eulenburg nach den ostasiatischen Gewässern, um eine Handelsverbindung mit Japan anzuknüpfen, die vollständig gelang.

Amazone und Hela nebst sechs Kanonenböten I. und II. Klasse gingen nach der Nordsee im folgenden Jahre, die beiden erstgenannten Schiffe nach der portugisischen Küste.

Auf der Expedition nach Japan trennte ein heftiger Sturm die Schiffe; da bemerkte die Mannschaft der Thetis in der Ferne Pulverdampf und Nothsignale, alle Segel wurden beigesetzt. Als sie näher kamen, erkannten sie, daß chinesische Piraten im Begriff waren, die englische Bark Oriental zu überwältigen, aber so wie Thetis die ersten Schüsse that, den Kampf sogleich aufgaben und eiligst die Flucht ergriffen.

Durch denselben Sturm war das Schiff Frauenlob von der Flotte getrennt und seitdem nicht wieder gesehen worden. Nicht einmal aufgefundene Trümmer gaben eine Vermuthung, wo und wie es untergegangen.

Es war das ein schmerzlicher Verlust, aber leider nicht der einzige, nicht der schmerzlichste. Während die Expedition nach Japan ihr Ziel und ihre Zwecke erreichte, hatte ein schwerer Schlag unsere junge Marine betroffen.

Ihre Stammmutter, die „Amazone" ging mit der ganzen Bemannung unter! diese inhaltschweren Worte enthalten Alles, was sich von dem dunklen Geschick derselben sagen läßt; über das Wo? und Wie? herrschen nur Vermuthungen; eine Flagge, von der es gewiß, einzelne Schiffstrümmer, von denen es wahrscheinlich, daß sie ihr angehört haben, sind an der holländischen Küste angeschwemmt worden. Das geschah am 28. November, nachdem am 3. desselben Monats die Corvette mit günstigem Winde nordwärts gesegelt. Seitdem ist Alles stillgeblieben. Diese Todtenstille brachte Todtenklage in viele Häuser und Herzen. Fünf Offiziere, neunzehn Cadetten, zwei Beamte, achtundachtzig Bootsleute sind im weiten Wassergrabe begraben und mit ihnen manche Hoffnung des Vaterhauses, des Vaterlandes. Mancher Weihnachtstisch hat in dem Winter verödet gestanden, die Nacht der Weihe war zur Nacht des Weinens geworden und eine lange, bange Nacht des Trauerns zog ein in manches Mutterherz; aber auch dem Vaterlande ist manche Hoffnung abgestorben. Es sind viele frische, zukunftreiche Kräfte in der Mannschaft der Amazone zu Grunde gegangen; — wir dürfen trauern, aber wir dürfen nicht gebeugt sein; auch sie starben für's Vaterland, denen gleich, die im Kriege dem Lazarethfieber erliegen, statt den ruhmreicheren Tod auf dem Schlachtfelde zu finden. Das Vaterland hat ein Recht nicht nur auf das Leben, auch auf das, was höher gilt als das Leben: auf den Ruhm.

Wir wissen nichts von ihrem Ende, nicht, ob sie nach langer Mühsal, nach erschöpfendem Ringen, nach hartem Kampfe, oder rasch und schmerzlos den Tod gefunden, das aber wissen wir: sie haben ausgekämpft, das hoffen, das glauben wir, sie haben einen guten Kampf gekämpft, sie haben dem Tode kühn in's Auge geblickt, sie haben als Helden geendet.

Eins muß noch gesagt werden, den Hinterbliebenen zur Beruhigung; Ein tüchtiger Führer führte das Schiff, und das

Schiff, bewährt in manchem Sturm, ging in trefflichem Stande zur See. Das bezeugte öffentlich die nautische Gesellschaft in Stettin, ihr Urtheil blieb unwiderlegt, ist competent und un-partheiisch.

Der Bestand der Flotte zählte 1861:

26 Dampffahrzeuge, nämlich 2 Schrauben-Corvetten: Arcona und Gazelle; 1 Dampf-Corvette: Danzig; 2 Dampf-Avisos: Loreley und Grille; 2 Dampfboote: Royal-Victoria und Greif; 4 Dampfkanonenboote I. Classe; 15 Dampfkanonenboote II. Klasse;

8 Segel-Fahrzeuge, nämlich 2 Fregatten: Gefion und Thetis, 1 Brigg: Hela; 1 Transportschiff: Elbe; 3 Schoner, 1 Casernenschiff und

40 Ruderfahrzeuge, nämlich 36 Kanonen-Schaluppen und 4 Kanonen-Jollen.

Im Bau waren begriffen: 4 Schrauben-Corvetten und 4 Kanonenboote I. Classe.

Bemannt waren diese Schiffe mit 874 Matrosen und 255 Schiffsjungen. Das See-Bataillon bestand aus 988 incl. See-Artilleristen, die Werft-Division aus 411 Mann incl. Deck-offiziere. Ein Deckoffizier I. Classe erhält monatlich 500 Thaler, ein Deckoffizier II. Classe 360 Thaler. Ein Unteroffizier I. Classe erhält neben freier Beköstigung und Bekleidung 18 Tha-ler monatlich. Die niederen Grade erhalten nach Verhältniß weniger, die Schiffsjungen monatlich nur 1 Thaler.

Der Etat der Flotte für das Jahr 1861: 2,116,928 Thaler.

So viel mir bekannt, hat sich seitdem der Bestand nicht wesentlich geändert.

Vorstehende Notizen verdanke ich der preußischen Admiralität, die mir sehr bereitwillig gestattete, auf einem Fragebogen meine betreffenden Wünsche auszusprechen.